AF458918

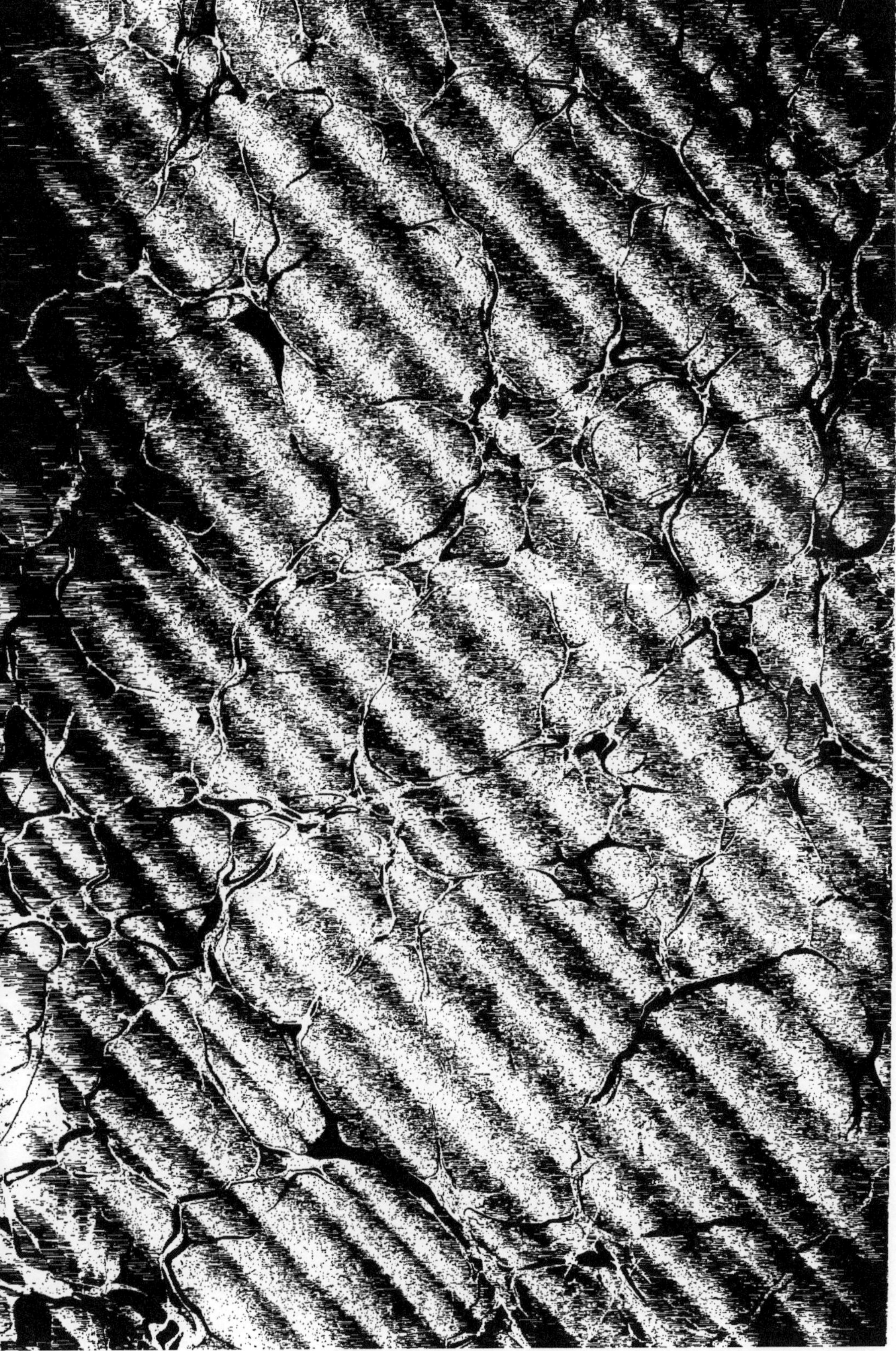

DE

PARIS A PARIS

A TRAVERS LES DEUX MONDES

CORBEIL. — IMPRIMERIE CRÉTÉ.

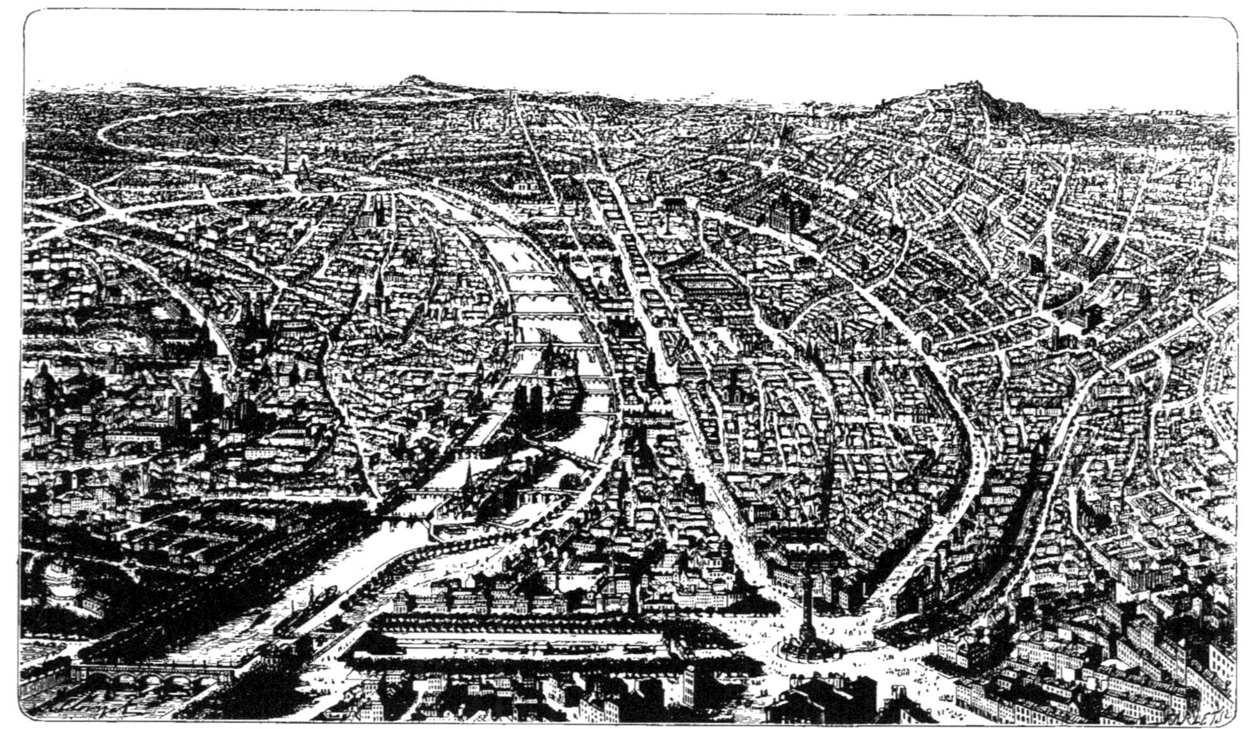

PARIS (VUE PRISE DE LA BASTILLE).

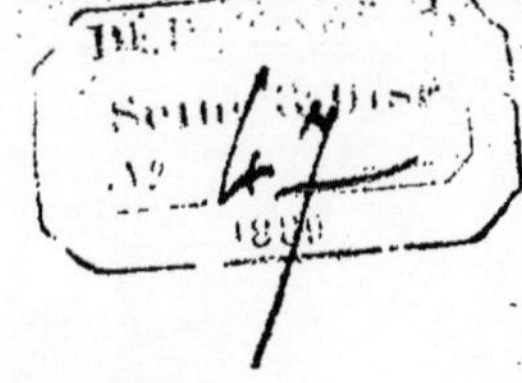

DE
PARIS A PARIS

A TRAVERS LES DEUX MONDES

CAPITALES ET GRANDES VILLES

PAR

JULES GOURDAULT

ILLUSTRÉ DE TRENTE-DEUX COMPOSITIONS HORS TEXTE

Dessinées spécialement pour cet ouvrage par H. CLERGET

ET GRAVÉES SUR BOIS PAR FARLET

ET DE VINGT ET UNE GRAVURES SUR BOIS INTERCALÉES DANS LE TEXTE

PARIS

LIBRAIRIE FURNE

JOUVET ET CIE, ÉDITEURS

5, RUE PALATINE, 5

M DCCC LXXXIX

AVANT-PROPOS

Ce n'est pas ici, à proprement dire, un nouveau « Tour du monde ». Dire beaucoup de choses en peu de pages, donner à de simples esquisses la portée graphique de panoramas, tel est l'unique but de cet ouvrage qui, obligé de dévorer l'espace, de voler de clocher en clocher, n'a pas le temps de s'attarder aux étapes. Ce n'est pas non plus une géographie, et cependant, en cette série de tableaux, chaque ville figure autant que possible dans le cadre de la région qu'elle commande. Tout un ensemble de gravures inédites, en complétant le relief des peintures, achève de donner à ce beau volume son originalité et son charme.

DE PARIS A PARIS

A TRAVERS LES DEUX MONDES

CAPITALES ET GRANDES VILLES

CHAPITRE PREMIER

De Paris à Amsterdam par Bruxelles.

I

Il y a un vieux conte oriental qui, mieux que toutes les philosophies, caractérise d'une manière saisissante le flux et reflux des choses humaines.

Un voyageur arrive à une vaste cité, extraordinairement populeuse et prospère, et, s'adressant aux habitants, il leur demande depuis combien de temps leur ville existe. — Depuis tant de siècles, lui répondent-ils, que nous ne savons pas nous-mêmes la date exacte de son origine. — Mille ans plus tard, l'infatigable touriste repasse par le même endroit. Il n'y aperçoit plus vestige de cité; à perte de vue, ce ne sont que champs, prairies et forêts. Avisant un paysan sur la glèbe, il le prie de lui dire ce qu'est devenue la puissante capitale qui s'élevait là. — Que me parlez-vous de capitale? repart l'homme; mes pères et moi, nous n'avons jamais connu cette plaine différente de ce qu'elle est. — Après un autre intervalle de dix siècles, le même voyageur se trouve encore ramené aux mêmes lieux. Derechef une immense métropole s'y élève, plus somptueuse et plus peuplée que la première. Derechef aussi il interroge les gens du pays sur cette métamorphose étonnante. Tous lui répondent : nous ne comprenons pas ce que vous voulez dire; la splendeur de notre cité se perd dans la nuit des temps, et, dussiez-vous nous taxer d'orgueil, nous croyons que ses palais de marbre ne sont pas près de rentrer en terre. — De nouveau cependant, à dix siècles de là, le voyageur revient sur l'emplacement de la grande ville : non seulement elle a disparu, mais la riche campagne au milieu de laquelle elle se dressait n'est plus elle-même qu'une solitude ; plus de champs, plus de prés, plus de forêts ; rien que le roc aride et cette « herbe dure » des déserts dont parle la Bible.

De combien de capitales fameuses dans l'histoire cette allégorie exprime le destin! Où sont les deux antiques reines du Nil, Memphis, la magique cité de Ménès, qui s'étendait sur 10 kilomètres de longueur, et Thèbes, la ville aux cent portes, aux voies triomphales, aux temples fastueux, où trônait Ammon le grand dieu? Que sont devenues et la légendaire Babylone, la fière dominatrice de l'Euphrate, et sa sœur Ninive, la merveille du Tigre, et Tyr, jadis la maîtresse des mers, et sa fille Carthage, plus puissante encore? Que subsiste-t-il également des cités tant célébrées de la Grande-Grèce, Sybaris, Crotone, Métaponte? Leurs ruines mêmes ont péri. Non loin d'elles, Syracuse, dont les constructions, dit Strabon, couvraient un espace de 33 kilomètres de tour, — soit un périmètre à peu près égal à celui de la levée d'enceinte de Paris, — n'offre plus que quelques tas de débris disséminés au loin dans les champs. Rome même, la « ville d'or », comme l'appelait le poète Rutilius, celle qui avait fait « une cité de ce qui était auparavant l'univers » et dont l'extension était déjà telle, à l'époque d'Auguste, qu'on n'eût pu dire exactement, écrit l'historien Denys d'Halicarnasse, où elle commençait et où elle finissait, n'a-t-il point suffi de quelques siècles pour la réduire à peu près en poussière?

D'autres métropoles cependant, non moins vastes et non moins brillantes que celles dont nous évoquons le souvenir, s'étalent et resplendissent aujourd'hui à la surface du monde transformé. A travers le temps et l'espace, il n'y a eu qu'un changement de décors. Ces nouvelles reines du globe auront-elles le sort de leurs devancières? Pourquoi pas? Le monde, dira-t-on, est mieux assis qu'autrefois ; les grandes migrations de peuples ont cessé ; une sorte d'équilibre s'est établi entre les nations plus nombreuses qui se partagent l'exploitation méthodique des continents et des mers ; mais ce partage ne va point sans dispute, et il y a toujours des forts et des faibles. Mille causes latentes peuvent amener d'ailleurs, maintenant comme jadis, la dépopulation et la ruine des plus fiers États et de leurs capitales. Je ne parle pas des cataclysmes soudains, des révolutions de l'ordre physique que nous réserve insidieusement la planète sur laquelle nous nous obstinons à bâtir.

Les grandes villes sont filles de la civilisation ; aussi ont-elles surgi tout d'abord dans ces régions privilégiées de l'Orient et de la Méditerranée qui ont été les premières éducatrices du monde ; au moyen âge encore, c'est au midi de l'Europe que se trouvent les principaux foyers de culture intellectuelle et morale, les gros centres d'industrie et de négoce ; puis vient le jour où l'axe des grandes voies commerciales se déplace ; la route des Indes par le Cap est trouvée ; un monde neuf, l'Amérique, s'ouvre aux relations de l'Occident. En vertu même de leur situation, les peuples riverains de l'Atlantique sont les premiers à en profiter, et, comme on s'était battu pour la suprématie du grand lac salé qui s'étend du détroit de Gadès au Bosphore, on se bat désormais pour un autre empire, plus vaste et plus séduisant que l'ancien, celui de la « mer Océane ». Les villes méditerranéennes, qu'avait si longtemps enrichies le trafic exclusif du Levant, se trouvent du coup avoir le pire lot. La prospérité de Venise, par exemple, s'éclipse au profit de celle de Lisbonne, d'Amsterdam, de Londres surtout, devenue bientôt la grande spoliatrice de toutes ses rivales en navigation. Les États politiques de l'ouest et du nord, dont les capitales n'ont cessé de grandir, prennent en même temps la prépondérance. Sur le continent, Paris tient le sceptre. Seul, l'empire moscovite n'a pas encore la métropole qu'il lui faut ; Pierre Romanof va la lui donner par la fondation de Saint-Pétersbourg.

Voyez pourtant le revirement des choses. Ces villes de la Méditerranée, que les découvertes maritimes faites au quinzième siècle semblaient avoir mises à l'écart du grand trafic océanien, se retrouvent être de nos jours les intermédiaires directes de ce trafic. Quelques coups de pioche ont refait leur fortune. Le percement de l'isthme de Suez a de nouveau reporté vers l'Orient la principale route commerciale du monde; si bien que l'antique mer phénicienne est redevenue le vestibule des opulentes contrées de l'Inde, et qu'une fois de plus, — ce qu'il fallait démontrer, — le vieux conte oriental a raison.

II

Dans toute grande cité, il y a deux choses à considérer : l'œuvre de la nature, c'est-à-dire le site, et l'œuvre de l'homme, c'est-à-dire l'ensemble de constructions érigées par l'architecte et le maçon.

Si l'on pouvait faire table rase des édifices dont Paris se compose, voici l'assiette qu'offrirait la ville :

Au centre, une vaste dépression en amphithéâtre, ancien fond de lac desséché, dont les rebords, plus ou moins déclives et inégalement évidés, dessinent les contours primitifs de l'enceinte où commença de s'étaler le groupe urbain quand il fut sorti de l'île mère ; tout alentour des pentes onduleuses, des coupes diverses de terrain, sur lesquelles la ville continua de s'étendre, après qu'elle eut rempli le creux de l'auge. Le plus important de ces ressauts du sol est, sur la rive gauche du fleuve, le massif plateau entaillé de minuscules vallées qui, en se prolongeant au midi, se rattache aux terres à blé de la Beauce. Il projette, on le sait, vers la Seine, au devant de l'étroite coupure de la Bièvre, une sorte d'esplanade méritant presque le nom de promontoire : c'est la colline de Sainte-Geneviève.

A l'est, puis au nord-est, de l'autre côté de la rivière, se dressent les hauteurs de Charonne, de Belleville, de Ménilmontant, qui forment des intumescences détachées. A leur suite, tout à fait au nord, vient une quatrième éminence isolée dont la ville s'est emparée également : c'est cette butte conique de Montmartre, dont les gisements, étudiés par le menu, nous ont permis de reconstituer, à travers les âges antéhistoriques, les métamorphoses du site de Lutèce. Celle-là n'est pas seulement la montagne scientifique de Paris, c'en est aussi la montagne épique. Élevée de 129 mètres au-dessus de la mer, elle est comme une échauguette naturelle, faisant le guet bien loin autour d'elle. C'est même le seul *signal* digne de ce nom qui existe à l'intérieur de la

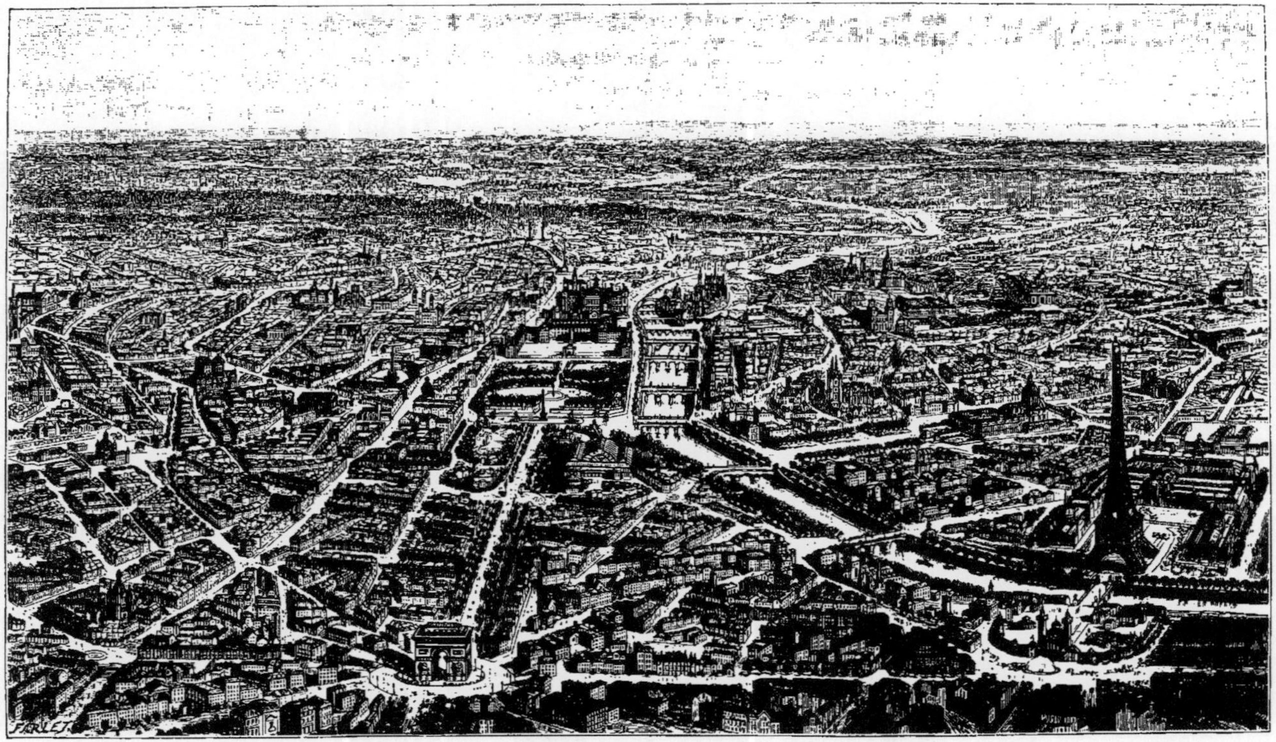

PARIS (VUE PRISE DU TROCADÉRO).

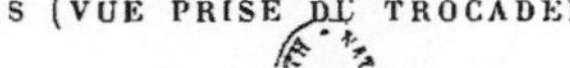

ville; de son point culminant, on a vue, non seulement sur Paris et le bois de Boulogne, mais encore sur le cours de la Seine en aval, et, au nord, sur la plaine de Saint-Denis et l'entrée de la vallée de Montmorency. C'est également la montagne de Mars. Son histoire ne se compose que de sièges et de batailles; les Normands, l'empereur

NOTRE-DAME DE PARIS.

Othon, Henri IV s'y postèrent tour à tour; ce fut par ses croupes que les alliés pénétrèrent par deux fois dans Paris; sur ses croupes aussi se terminèrent les luttes inexpiables de 1871.

Quant au mont Valérien, relief également isolé, dont l'altitude atteint 136 mètres, il est situé en dehors de la ville et ne figure point par conséquent dans la ligne de bastionnement dont je parle.

Le site, originairement, était très boisé; mais, de même que les Romains, pour édifier la cité souveraine, défrichèrent les forêts du Tibre et les sombres fourrés de l'Algide, de même Paris dut se dépouiller de la belle ceinture arborescente que lui avait donnée la nature. Longtemps cependant les futaies s'étendirent jusqu'à la ville même. A l'époque carolingienne, le quartier actuel de Sainte-Opportune était encore occupé par un bois; la forêt de Rouvray s'avançait jusqu'à la porte de Chaillot. En 1358, elle ne s'appelait plus que le bois de Saint-Cloud, et le dernier relief de ce massif, transformé depuis soixante ans en une sorte de parc de plaisance, est aujourd'hui notre bois de Boulogne. De même, le bois de Vincennes, aménagé, lui aussi, en bosquets, représente ce qui reste de la bande silvestre qui comprenait, à l'est de Paris, les forêts de Bondy et de Livry, que rejoignaient presque, du côté de Charenton, les halliers extrêmes de celle de Sénart.

Paris n'a que deux entrées vraiment belles : l'avenue des Champs-Élysées et les berges de la Seine en aval. Presque partout, le long de la zone militaire, s'étend une banlieue monotone d'usines, de cultures maraîchères, de maisons disgracieuses, aux fenêtres rares, entourées de jardinets minables, dont le sol appauvri, surmené, ne se laisse arracher ses maigres produits qu'à force d'amendements et d'engrais : tous aspects qui ne préparent guère l'étranger aux magnificences de la grande cité.

La grande rue de Paris, celle qui donne sa caractéristique à la ville, c'est la Seine. Avec quelle grâce nonchalante le beau fleuve déroule ses méandres de la porte de Bercy à celle de Meudon ! Est-ce la rivière-serpent, en celtique *Squan*, ou la rivière lente, *Sine-ane?* Qu'on choisisse l'une ou l'autre étymologie, les deux appellations lui conviennent. L'arc de cercle qu'elle décrit dans la cité même n'a pas moins de 12 kilomètres de longueur. Large à son entrée de 165 mètres, elle se ramifie, au tiers de sa course, pour contourner deux îles majestueuses, les seules que l'homme ait laissé subsister des dix qui existaient autrefois. Vers le pont Saint-Michel, dans sa branche la plus étroite, elle ne mesure plus que 49 mètres; mais, au-dessous du terre-plein du Pont-Neuf, point où elle acquiert sa plus grande amplitude, l'écartement d'une rive à l'autre atteint 263 mètres. A sa sortie, au vingt-septième pont, il est de 136 mètres.

En dehors du canal de l'Ourcq, qui, sous le nom de canal Saint-Martin, aboutit au bassin de l'Arsenal, la Seine, appauvrie d'ailleurs par diverses prises d'eau, ne reçoit dans Paris qu'un seul affluent — et quel affluent ! — la Bièvre, qui s'y déverse honteusement par une bouche d'égout en amont du pont d'Austerlitz. Je ne parle pas de l'infect ruisseau de Ménilmontant qui rejoignait jadis le fleuve à Chaillot, et que Turgot fit voûter vers le milieu du dix-huitième siècle.

Tout le monde sait vaguement qu'il y a au port Saint-Nicolas des navires, voire un steamer qui fait le service de Londres; chacun sait également qu'il passe des trains de bois sous les ponts, et qu'au temps où la loi le permet, tout un peuple mélancolique de pêcheurs s'échelonne, la ligne en main, sur les berges; pour le gros du public, c'est à peu près le tout; très peu de gens se rendent un compte exact de l'importance commerciale du cours d'eau où vire tout le jour la flottille des *mouches*. Or, malgré les chemins de fer, la Seine, reliée à la France entière par un magnifique lacis de canaux, est restée la grande voie d'approvisionnement de la capitale. C'est la batellerie qui a fait la fortune de Paris. Dès l'origine, la population insulaire de la Cité « représentait, dit Victor Hugo, une puissance navale d'eau douce, il est vrai; mais, du haut de ses escadrilles de barques, elle n'en battait pas moins en souveraine tous les affluents de la Seine du bruit de ses avirons, et lorsqu'elle posséda un échevinage et qu'elle eut droit à une armoirie, elle étala fièrement un vaisseau sur son blason ». La Seine était jadis pour Paris la « clef de la famine et de l'abondance », et aujourd'hui encore 32 000 trains ou bateaux, — gros chalands, péniches, lavandières, flûtes, barquettes, — y apportent annuellement le tribut des provinces. Comme port français, Paris n'est dépassé que par Marseille et le Havre. Que serait-ce si le fleuve approfondi ouvrait la grande cité au transit de grand cabotage et permettait à des bâtiments de 500 à 1 000 tonneaux de venir s'amarrer le long de ses quais? Que serait-ce surtout si, un jour ou l'autre, se réalisait ce rêve grandiose de Paris « port de mer »? Peut-être même l'exécution de ce plan gigantesque s'imposera-t-elle plus tôt qu'on ne le croit, comme l'unique moyen de sauver la grande ville d'une déchéance irrémédiable. Des rivales de plus en plus dangereuses croissent sans cesse autour d'elle, et, comme dit un proverbe russe, le brochet est dans la rivière pour que la tanche ne s'endorme pas.

De l'aveu même de l'étranger, Paris est la capitale du monde, la ville par excellence, *Urbs*, comme disaient les Romains. Déjà, au seizième siècle, sa suprématie était reconnue ; on vantait « ses arts mécaniques, le trafic merveilleux » qui la rendait si peuplée et si opulente : cependant aucun des éloges pompeux de ce temps ne célèbre encore sa beauté matérielle. L'abbé de Marolles, dans ses *Mémoires*, dit que Rome, Anvers, Amsterdam paraissaient « des ouvrages de raisonnement », tandis que Paris semblait n'être qu'une production du hasard, et il tenait même celui-ci pour « barbare à côté de Flessingue et de Middelbourg ». Le Tasse, qui vint à Paris en 1570, avait trouvé la ville fort laide ; il avait pourtant admiré Notre-Dame et surtout ses vitraux à l'étincelant coloris ; mais cette vieille basilique avec son unique clocher et ses deux tours massives lui avait paru en somme bien inférieure au Dôme de Milan avec ses mille clochetons de marbre ouvragés ; il n'avait trouvé de vraiment pittoresque que les moulins, alors très nombreux, de Montmartre, avec leurs grandes ailes dont on apercevait « le branle aérien au delà des marais de la Grange Batelière ».

Paris était loin, en effet, d'avoir à cette époque la splendeur monumentale par laquelle il brille de nos jours. Cette ville avait été longtemps négligée, et l'on sait qu'elle n'obtint que tardivement le titre incontesté de capitale. Sous les Mérovingiens, Metz, Soissons, Orléans, lui avaient disputé cet honneur ; l'Austrasien Charlemagne avait pour résidence Trèves ou Aix-la-Chapelle. Si le centre de gravité du pays avait continué à demeurer en dehors du territoire gallo-franc, Paris n'eût sans doute pas fait la fortune merveilleuse qu'il a faite ; une autre ville eût eu l'honneur — s'en fût-elle montrée aussi digne ? — d'opérer ce grand travail d'assimilation et de fusion qui est l'œuvre essentielle des capitales. La séparation définitive de l'Allemagne et de la France au neuvième siècle trancha la question en faveur de la cité de l'Ile-de-France ; mais longtemps néanmoins, je le répète, cette cité resta de piètre apparence, mal bâtie, et surtout insalubre.

Au seizième siècle encore, les quais, à l'état rudimentaire, laissaient carrière ouverte aux débordements de la Seine, qui, parfois, inondait si bien les bas quartiers qu'il fallait aller en bateau par les rues. La ville ne possédait que deux ponts de pierre, le pont Notre-Dame et le Petit-Pont; tous les autres étaient en bois, et s'écroulaient volontiers, comme le fit en 1596 le Pont-aux-Meuniers, qui était bâti sur pilotis avec un moulin à chacune des arches, et qui, en s'abîmant, coûta la vie à plusieurs centaines de personnes. Bref, la ville, à cette date, n'avait pas un quartier qui fût net; ses grands monuments, encore inachevés, tels que le Louvre, les Tuileries, le Palais, semblaient des broderies d'or sur un fond de haillons.

LE NOUVEAU LOUVRE : PAVILLONS TURGOT, RICHELIEU ET COLBERT.

Sa première métamorphose date de Henri IV. Dès 1600, le premier Bourbon s'occupa d'assainir et de redresser la capitale, qui se composait alors de trois quartiers, la Cité, la Ville et l'Université. La construction de l'hôtel des Tournelles, celle de la place Royale et des voies adjacentes, firent de cette partie de la ville le plus beau quartier de Paris, et ce quartier fut longtemps le rendez-vous des promeneurs, des oisifs de qualité et le centre de l'élégance. La Cité et ses environs s'embellirent également; le pont Neuf fut achevé; un vaste quai fut bâti de l'Arsenal à la place de Grève; deux grands monuments, aujourd'hui défunts, les Tuileries et l'Hôtel de ville, reçurent d'importantes additions; la grande et la petite galerie du Louvre s'élevèrent, si bien que, vers la fin du règne, quand l'ambassadeur de Philippe III, don Pèdre de Tolède, entra dans Paris, il eut de la peine à reconnaître cette ville qu'il avait vue, quelques années auparavant, si misérable et si délabrée.

La transformation, continuée par les rois postérieurs, ne s'est accomplie toutefois sur une vaste échelle qu'à partir de Napoléon Ier, et elle ne s'est achevée que de nos jours de la façon hâtive que l'on sait. Le plan moderne, surtout stratégique, a consisté à couper en droite ligne l'ancien réseau central des rues, croisées en manière de toile d'araignée, par de larges voies, des boulevards rayonnants, qui semblent avoir servi de type à presque toutes les cités de l'Europe, saisies à leur tour, par émulation, de cette même fièvre de la truelle. Outre les immenses abatis pratiqués au cœur du vieux Paris, toute une ville neuve s'est élevée à l'ouest, spacieuse, aérée, lumineuse, avec des avenues et des maisons d'un aspect imposant, quoique dénuées de style architectural. Il n'est pas jusqu'aux quartiers obscurs et rechignés du sud qui ne se soient vus dépecer, eux aussi.

Actuellement, les principales brèches du massif sont, de l'ouest à l'est, sur la rive droite, la ligne arquée des grands boulevards, qui, grâce à leur nivellement imparfait et à leurs inflexions si variées, demeurent et demeureront longtemps l'artère pittoresque par excellence; puis la percée imposante de la rue de Rivoli que prolonge, au delà de la place de la Concorde, l'immense avenue des Champs-Élysées; sur la rive gauche se développent le boulevard Saint-Germain, et, dans une région plus excentrique et plus morne, l'enfilade d'avenues qui se succèdent depuis le Champ-de-Mars jusqu'au quai de la Gare. Du nord au sud enfin, trouant tout le gros du massif et enjambant l'îlot de la Cité, court l'artère qui relie la porte de Montrouge au chemin de fer de l'Est. Mais la plus longue percée en ligne droite, la seule qui traverse de part en part toute la ville, c'est celle qui, prenant son point de départ au sud entre la porte d'Arcueil et celle d'Orléans, va au nord jusqu'à la porte de la Villette, un peu au delà du point de jonction des canaux de Saint-Denis et de l'Ourcq. Elle ne se compose guère que de tronçons étroits et vétustes; des éclaircies l'interrompent çà et là; cependant, à travers tous les vides qu'y a faits le marteau du démolisseur, la série des défilés se reforme, si bien que, sous des noms divers (rues de la Tombe-Issoire, du faubourg Saint-Jacques, de Saint-Jacques, de la Cité, de Saint-Martin, du Faubourg-Saint-Martin, de Flandres), elle arrive à fournir un parcours total de 10 kilomètres. Les plus longues voies sont, ensuite, la rue de Vaugirard (4 500 mètres), les rues Saint-Honoré et du Faubourg-Saint-Honoré (ensemble 4 000) et la rue de Rivoli (2 600).

Le centre attractif de Paris s'est, on le sait, déplacé bien des fois; il a d'abord été au Louvre; puis il s'est transporté à la place Royale et au Marais, et ensuite aux alentours de ce Palais-Royal qu'a célébré le provincial Pierre Corneille. De nos jours, il est surtout aux boulevards. En aucune capitale de l'Europe cependant, Vienne peut-être exceptée, le mouvement n'est aussi également réparti qu'à Paris; il n'y a pas plus de monde dans la rue Montmartre qu'au boulevard Saint-Michel ou dans la rue Saint-Antoine ; le faubourg du Temple n'est pas moins animé que les rues de Richelieu et de Rivoli, et, depuis vingt années surtout, le flux vital se répand de plus en plus du cœur de la ville aux extrémités.

Jadis les diverses classes ouvrières ou marchandes étaient cantonnées dans certaines rues dont les noms rappelaient le trafic dominant : telles étaient, par exemple, les rues des Boulangers, de la Ferronnerie, des Poissonniers, de la Tonnellerie, de la Parcheminerie, du Foin; aujourd'hui, professions de toute sorte, industries et métiers, quels qu'ils soient, sont éparpillés dans tous les quartiers; tout se confond dans l'intérêt de tous; la nécessité comme la fantaisie trouvent partout à se satisfaire. On peut néanmoins, en thèse générale, discerner encore les régions urbaines d'après le caractère du négoce qui leur sert en quelque sorte d'étiquette : le boulevard de Sébastopol, la rue Saint-Martin, l'historique rue Saint-Denis, où résidait autrefois « la fleur de l'ancienne bourgeoisie », constituent le quartier par excellence des rouenneries, de l'orfèvrerie, de la quincaillerie, des articles de Paris. Les drapiers, les merciers, les marchands de toiles et de nouveautés résident de préférence dans les rues de Cléry, de Mulhouse, du Sentier, du Mail et des Bourdonnais. Les rues des Lombards, de la Verrerie et de Rambuteau, représentent le royaume odorant de la droguerie et de l'épicerie, comme le Marais est celui des fabricants de bronzes, le faubourg Saint-Antoine celui des ébénistes, le faubourg Saint-

Marceau, près de la Bièvre, le district nauséabond de ces peaussiers et de ces tanneurs, qui occupaient primitivement le quai de la Mégisserie. De même, le quartier des « affaires » en général est marqué par les rues Vivienne, Montmartre, du Quatre-Septembre et la place de la Bourse.

Sur la rive gauche sont les écoles, les grandes librairies classiques, le *borgo santo* de la région de Saint-Sulpice et la plupart des ministères. Là aussi est la citadelle, physiquement et moralement démantelée, de la vieille aristocratie de race. Enfin, de l'autre côté de la Seine,

LE MINISTÈRE DE LA MARINE ET LE GARDE-MEUBLE.

dans les faubourgs de Passy et d'Auteuil, se cachent, sous les arbres, autant que possible, les douces retraites où le travailleur aime à se retirer loin du bruit. Quant au Paris des « plaisirs », son cercle va s'élargissant de plus en plus. Léserai-je, sans le vouloir, quelque intérêt mercantile en disant que la région « où l'on s'amuse » s'étend en bloc du boulevard Poissonnière à la Madeleine, y compris les artères limitrophes, et, de là au bois de Boulogne, à travers cette immense avenue, moitié princière et moitié foraine, que l'on appelle les Champs-Élysées?

Par le nombre de ses habitants Paris était, dès le treizième siècle, une grande ville, sans être la plus peuplée de l'Europe ; au commencement du dix-huitième siècle elle était arrivée, de progrès en progrès, à dépasser le chiffre de 500 000 âmes. En 1800 l'accroissement avait continué, mais dans une proportion assez faible (550 000). Elle était déjà distancée par Londres, laquelle comptait 900 000 habitants. Depuis lors l'écart s'est maintenu et n'a même cessé d'augmenter. En 1817 Paris a 714 000 âmes, Londres 1 500 000 ; aujourd'hui la capitale de la France possède une population totale de 2 344 550 habitants, ce qui ne serait que la moitié environ de celle de sa rivale d'outre-Manche s'il ne convenait de remarquer que la grande cité de la Tamise, au lieu de constituer, comme Paris, une agglomération homogène, formée de pièces bien soudées, nettement close et délimitée, est en réalité une sorte de district couvert de maisons, une juxtaposition mal définie de bourgs et paroisses que nul lien municipal commun ne rattache l'une à l'autre.

Comme marché de capitaux, Paris ne vient aussi qu'après Londres, de même que, pour la grande industrie à moteurs, il cède le pas à Berlin. Certes, la grosse fabrication ne lui fait pas défaut ; il produit des fontes, des machines, des cuivres, des étoffes de laine, etc. ; mais c'est plutôt, chacun le sait, une ville d' « ateliers » que de manufactures. L'invention puissante, l'initiative audacieuse qui transforme ou innove, lui ont fait de tout temps défaut. Ses industries propres ont un caractère délicat, minutieux et individuel ; ses artisans du métier, au nombre de plusieurs centaines de mille, sont en quelque façon des artistes ; ils vivent dans un milieu d'intelligence et d'étude, où tout est une question de procédé, où le goût fait loi avant tout. Le monde entier connaît ces choses exquises et ingénieuses qu'on appelle d'un mot collectif « articles de Paris ». La finesse et la perfection de la main d'œuvre, voilà le triomphe de la menue industrie parisienne ; mais, pourquoi ne pas le dire en passant ? à quels périls imprévus et terribles, pour peu qu'on cessât un instant de veiller, cette industrie artistique et fragile n'exposerait-elle pas une population qui n'aurait que cette unique source de richesse !

Paris possède peu d'antiquités gallo-romaines. Un fragment d'arènes découvert près de la rue Monge, les restes de ce palais des Thermes où

Julien fit très agréablement, nous le savons, son stage de César, un autel romain, du temps de Tibère (musée de Cluny), élevé à Jupiter très bon et très grand, *optimo et maximo*, par ces *nautes* qui furent la corporation primitive des marchands de la Seine : voilà tout son avoir archéologique à ce point de vue. Mais de quelles richesses l'ont dotée les époques architecturales ultérieures ! Notre-Dame, qu'il suffit de nommer, la Sainte-Chapelle, Saint-Germain-l'Auxerrois, Saint-Eustache, Saint-Étienne-du-Mont, qui dépendait originairement de l'abbaye

PALAIS DES THERMES.

fondée par Clovis au sommet de la colline sacro-sainte, l'église du Val-de-Grâce, dont le dôme rappelle à l'extérieur celui de Saint-Pierre de Rome, le Panthéon, avec sa gigantesque coupole, le temple grec de la Madeleine et une soixantaine d'autres églises, dessinent au front de l'imposante cité un relief multiforme de nefs, de tours et de clochers qu'il faut surtout contempler du haut de la terrasse de Saint-Cloud. Le Palais de justice, avec ses pittoresques tourelles, le Louvre, avec ses lignes si grandes et si nobles, ses trésors d'art intérieurs et sa façade de 700 mètres le long de la Seine, le Palais-Royal, le Luxembourg, l'Institut, les vieux hôtels historiques (Barbette, Carnavalet, de Luynes, de Sens, d'Ormesson), enfin ces quatre portes triomphales (Saint-Denis, Saint-Martin, du Carrousel, de l'Étoile), tout cela, sans parler des édifices nés d'hier, de ce temple fastueux de l'harmonie qu'on nomme l'Opéra, de ce nouvel Hôtel de ville, qui, au milieu de son immense aire, semble rêver de destins inconnus, ne représente-t-il pas un ensemble de créations puissantes, dont le caractère éclectique eût

HOTEL DE VILLE DE PARIS.

pu répugner au goût délicat du Tasse, mais qui n'en forme pas moins un décor vraiment digne de la capitale du monde?

Nous autres vieux Parisiens, nous sommes en quelque sorte blasés sur ce qui fait le charme original de notre cité; ce charme nous pénètre sans que nous sachions nous en rendre compte; mais interrogez l'étranger sur les impressions qu'il en reçoit; demandez par exemple à un Russe ce qu'il pense de la grande reine d'Occident.

Une ville propre, lumineuse, aux allures libres, tout à fait exemptes de misanthropie : ainsi vous la définit le Moscovite; le soleil y est gai, l'air y est gai ; les rues, les places, la population, tout est gai. Et ce qu'il remarque le plus volontiers, c'est qu'il n'y a presque point de maisons dont le rez-de-chaussée ne soit occupé par un restaurant, un café, une petite boutique ou un grand magasin. Ces lignes sans cesse renaissantes de devantures et de vitrines, avec leur étalage divers de victuailles, de liquides et de denrées, étonnent toujours le nouveau débarqué, vînt-il de Londres, de Saint-Pétersbourg, de Vienne ou de Berlin ; car si chacune de ces puissantes villes a des perspectives architecturales qui, prises à part, peuvent rivaliser avec celles des plus beaux quartiers de Paris, aucune ne sait aussi bien faire valoir cet art ingénieux du détail et de la mise en scène, ces mille combinaisons de lignes et de couleurs, qui transforment chez nous la moindre échoppe en une sorte de temple du goût, et élèvent la simple élégance à la hauteur de la poésie.

Il n'est pas jusqu'aux *cris* de la rue sur lesquels les étrangers ne s'extasient. L'un d'eux — était-ce un Russe ou un Turc? — déclarait y entendre une « ode à la production inépuisable de l'heureux pays dont Paris est la tête ». — « Une principauté ou un appartement sur le boulevard, il n'y a pas de milieu, » disait un grand seigneur d'outre-mer, qui peut-être possédait l'une et l'autre.

En quoi il s'exprimait comme faisait déjà l'enchanteur Merlin, de Quinet, quand, arrivant, en compagnie de la fée Viviane, au petit village insulaire de Lutèce, un simple assemblage de chaumières sous l'ombrage frissonnant des aulnes, il s'écriait : « Quel lieu plaisant, et que je voudrais y habiter ! »

C'était au temps où le bison légendaire paissait tranquillement sur les berges de la Seine.

III

A moins de 100 lieues au nord de Paris, presque au centre de la vieille artère commerciale des Flandres au Rhin, s'élève la grande cité du Brabant, qui, après avoir été tour à tour bourguignonne, espagnole, autrichienne et française, s'est vue soudain, il y a un demi-siècle, promue à la tête d'un État nouveau renaissant sous son antique nom de Belgique. Bruxelles — en flamand *Brussel* — pouvait certes entrer de plain-pied dans son rôle de capitale officielle. Ducs, princes, gouverneurs ou rois n'y avaient-ils point de tout temps tenu cour? La contrée qu'elle était appelée à régir n'avait-elle pas été elle-même le

HOTEL DE VILLE DE BRUXELLES.

berceau vénérable de deux dynasties ? Le chef mérovingien Clovis n'avait-il pas commencé par régner à Tournai, et les Heristall, qui furent la souche des Carolingiens, n'étaient-ils pas originaires d'un petit village des bords de la Meuse, aux portes de Liège? Située d'ailleurs à la frontière des deux langues, pour ainsi dire au carrefour de rencontre des diverses populations du pays, Bruxelles demeurait la maîtresse naturelle de la plaine alluviale et des monts, le chef-lieu désigné de la Campine du nord aussi bien que des *polders* de l'ouest et des hauts plateaux boisés du sud-est.

Bruxelles, dit-on, est un petit Paris, — un Paris de 415 000 âmes, — qui a, lui aussi, ses horloges électriques, ses téléphones, ses tramways, son bois de Boulogne, son chemin de fer de ceinture, et, tout près d'elle, son grand port marchand, Anvers, qui éclipse le Havre. Même quand on vient de Paris et, dès la sortie de la gare, on reste ébloui du luxe de ses magasins et de ses cafés, de l'animation de ses rues, qui semblent un prolongement de nos boulevards. Que dis-je? Bruxelles a poussé la contrefaçon — art où les Belges sont passés maîtres — jusqu'à naître sur un cours d'eau dont le nom sonne absolument comme celui de notre fleuve parisien : c'est la Senne. Il est vrai que cette modeste rivière, affluent secondaire de l'Escaut, n'y existe plus qu'en souvenir. Comme la Bièvre, il a fallu la cacher. L'édilité l'a changée en un égout souterrain, le seul lit qui pût lui convenir, et quiconque est allé à Bruxelles, il y a quinze années et plus, se souvient de l'immense abatis de maisons et de quartiers entiers auquel avait donné lieu cette œuvre d'assainissement.

C'est cependant d'un îlot de la Senne qu'est sortie, au sixième siècle, la primitive bourgade de marchands dont les gigantesques faubourgs débordent aujourd'hui de plus en plus sur les campagnes brabançonnes. Au quatorzième siècle, elle comptait deux enceintes, sept portes et soixante-quatorze tours. Grâce aux *métiers* et surtout à l'industrie des draps, elle était déjà une cité opulente, remplie de somptueux édifices, et dont la prospérité devait s'accroître encore, au siècle suivant, de la ruine de Bruges sa voisine, le grand entrepôt de la Hanse teutonique sur la mer du Nord.

L'agglomération bruxelloise proprement dite se compose de deux villes, la ville basse et la ville haute, qui, de tous temps, ont formé contraste. Dès l'époque communale, c'était dans la vallée de la Senne, autour du petit cours d'eau ramifié, que s'étaient établis les artisans, les bourgeois, tous les travailleurs. Là, sur les marchés et au fond des tavernes, dans les ateliers et les magasins, on usait surtout du dialecte flamand, tandis que dans les quartiers d'en haut, séjour du patriciat

BRUXELLES.

féodal et des princes brabançons, on parlait de préférence le français. Aujourd'hui encore, en notre âge de nivellement social, ces deux parties de Bruxelles ont conservé leur cachet respectif. Sur le mont Froid (Caudenberg), en dehors des grouillements de la cité basse, se trouvent le palais du roi, les chambres, les ministères, le palais des beaux-arts, le Parc, la place Royale ; là s'étend le nouveau quartier Léopold, avec ses rues à angle droit, ses maisons de briques badigeonnées, ses jardins entourés de hauts murs et de grilles de fer. C'est une sorte de faubourg Saint-Germain, mais plus élégant et plus gai que le nôtre, et auquel confinent également le quartier latin de Bruxelles, l'Académie et le Muséum, les instituts et écoles de toute sorte.

Au pied de ces hauteurs s'étale la vieille ville, qui, vue de quelque point dominant, par exemple de la place du Congrès, ne présente qu'un fouillis désordonné de toits en escaliers, à pignons tournants, à auvents projetés, à imbriquements de tuiles, le tout coiffé de cheminées ventrues, hérissé de pinacles et de lucarnes héroïques, de pointes de clochers qui dardent et d'aiguilles effilées à faire peur.

Des éclaircies gigantesques ont pourtant, je l'ai dit, été pratiquées à travers ce pittoresque dédale. Bruxelles a eu dans le bourgmestre Anspach son Haussmann qui l'a dépecée, en taillant d'une part dans le massif central deux longues lignes de larges boulevards, en reliant d'autre part la cité d'en haut aux quartiers de la plaine par une voie qui, partant de la place Royale, arrive aux galeries Saint-Hubert et se continue de là jusque près de la Bourse. Cet immense travail de rénovation a mis par terre bien des vieux hôtels clos et moroses de l'ancienne noblesse, avec leur morne ceinture de fossés ; elle a aussi sonné le glas funèbre de bien des îlots de maisons dont l'amas vermoulu s'étendait tout le long de la rivière-dépotoir, s'y enchevêtrant d'un lacis de culs-de-sac, de ruelles, de recoins fantastiques, où se pressaient les fabriques de toute sorte, les brasseries, les ateliers de foulons. Malgré tout cependant, le cœur du vieux Bruxelles n'a pas entièrement disparu, comme le prouvent les agglomérations populeuses des rues de Flandre, d'Anderlecht, du Veau-Marin, de l'Étuve, par exemple. On peut voir encore, au coin de cette dernière, la fontaine où niche le fameux *Manneken-pis*. Le petit gars de bronze est toujours là, gâtant de l'eau sans vergogne ; il sait qu'il est et qu'il restera « le plus ancien bourgeois de la cité », le témoin et le survivant des vieux âges, quelque chose comme le *palladium* de Bruxelles, et que nul édile n'oserait se permettre de porter sur lui une main sacrilège ; — tel est aussi le Vieux-Marché, une des places les plus pittoresques de l'Europe, et dont l'équivalent ne se trouverait que dans certaines villes italiennes que je connais ; — telle enfin la Grande-Place elle-même, une véritable merveille d'archaïsme.

Qui l'a vue, ne peut l'oublier. Vous souvenez-vous de ces hauts pignons, aux dorures et aux peintures fantastiques, de ces façades festonnées, tailladées, treillissées, surchargées de colonnes, de statues, de pilastres, de bas-reliefs? Vous rappelez-vous la maison des brasseurs, la maison du Pain, celle du Sac, celle du Renard, autant de vieilles *abbayes* des métiers où siégeaient jadis ces corporations qui furent l'honneur et la force de Bruxelles? Et, au beau milieu de ce cadre, ne revoyez-vous pas, avec son portique d'arcades ogivales, avec les innombrables baies de ses fenêtres, avec son toit à balustrade crénelée et ses quatre tourelles octogones, cette prodigieuse guillochure de pierre, d'où s'élance à 114 mètres en l'air l'audacieuse tour multiforme au sommet de laquelle un colossal saint Michel, tournant comme la Fortune de la Douane de Venise, terrasse et reterrasse le démon? Ce splendide joyau, c'est l'Hôtel de ville, l'édifice historique par excellence de l'ancienne capitale du Brabant. Les statues qui s'alignent aux consoles du fronton, sous des baldaquins richement ciselés, sont celles de ses anciens ducs ; le monument qui s'élève sur la place rappelle la mort des comtes d'Egmont et de Hoorn, ces deux martyrs de la liberté.

Le style architectural qui domine à Bruxelles, comme dans toutes les villes brabançonnes et flamandes, c'est, du reste, le gothique. La cathédrale Sainte-Gudule, qui dresse, sur une terrasse non loin du Parc, ses deux immenses tours quadrangulaires, date, elle aussi, du treizième siècle. Quelques autres églises du même temps se rencontrent dans les quartiers excentriques, et toutes méritent un regard de l'artiste.

La Senne n'a plus l'actif commerce de batellerie qu'elle faisait jadis avec Anvers ; en revanche, la capitale de la Belgique est reliée à la mer par un canal qui la traverse du nord au midi et rejoint le Rupel un peu en deçà de son confluent avec l'Escaut. Ce canal porte même des navires assez forts, et le bassin marchand de Bruxelles offre le spectacle animé d'un petit port. Un autre point curieux de la ville, c'est la Vieille-Promenade, avec son aire tournante et bosselée, ses longues lignes d'arbres, et sa bordure d'hôtels pensifs encadrés de jardins. Citerai-je aussi le Palais de Justice, la nouvelle Poste, cette pittoresque porte de Hal, masse de pierre à créneaux flanquée de tours, qui se dresse solitaire entre deux allées, et le jardin Botanique, et le parc royal de Laeken, et surtout ce magnifique bois de la Cambre, où conduit la longue avenue Louise, séjour préféré de la haute finance et de la bourgeoisie ? Comme nos bois de Boulogne et de Vincennes, ce n'est que le restant d'une vaste forêt (celle de Soignes) qui couvrait jadis le pays tout entier, et que la main de l'homme a trouée, émondée, coupée de percées symétriques, avec boulingrins et pièces d'eau. Cependant, toute déformée qu'elle est, cette belle futaie présente encore dans ses massifs d'arrière-plan des retraites vraiment solitaires et agrestes que ne nous offrent guère nos deux parcs suburbains, et où volontiers je promènerais le lecteur. Mais nos instants sont comptés ; il nous faut, de ce pas, nous transporter dans un autre district des Pays-Bas, vers la grande cité batave d'Amsterdam.

IV

Il n'y a peut-être pas un autre coin de l'Europe où, sur un espace aussi restreint, se pressent autant de gros centres de population que dans la zone néerlandaise située au nord du Brabant, entre les bouches du Rhin et le Zuiderzée. En deux heures de chemin de fer environ par l'est ou par l'ouest se rencontrent deux villes de plus de 150 000 âmes, une de près de 400 000, et trois autres, de 30 000 à 75 000 âmes : Rotterdam, Delft, la Haye, Utrecht, Leyde, Haarlem, Amsterdam.

De Delft la faïencière, une ligne de tramways longeant un canal conduit à la Haye en vingt-cinq minutes par une route toute bordée de maisons de campagne, et que son ourlet d'ormes et de tilleuls fait ressembler à une allée de parc. C'est dans ce district admirablement boisé, et auquel les dunes marines prêtent une sorte d'aspect montueux, que les anciens comtes de Hollande avaient leurs grands territoires de chasse ; là se dressait leur Trianon, le château de la « Haie des comtes », *S'Gravenhaag*, qui a transmis son nom à la capitale officielle du pays. Celle-ci, du reste, n'a jamais eu d'autre importance. Avec ses 140 000 habitants, elle est demeurée une ville de plaisance, une résidence aristocratique, un centre de fonctionnaires, de riches musées, de précieuses collections, où dominent le genre de vie, l'art et le langage français. De commerce, elle n'en a presque point. Les futaies aux exhalaisons balsamiques qui se prolongent sans interruption jusqu'au pied des dunes, vers la célèbre station balnéaire de Scheveningen, forment l'attrait principal du lieu.

La vraie capitale de la Néerlande, la cité bourgeoise et plébéienne qui a grandi d'elle-même, en se nourrissant de sa propre substance, et sans rien devoir aux caprices et aux préférences des princes, c'est Amsterdam. On sait comment l'humble bourgade de pêcheurs, bâtie au onzième siècle à l'endroit où la rivière Amstel se déverse dans le golfe en forme d'Y (en hollandais *IJ*) que dessine au sud-ouest le Zuiderzée, devint peu à peu la courtière des mers et pour ainsi dire le comptoir des deux mondes. On sait quel immense empire colonial s'était acquis ce petit État de Hollande, le seul jadis auquel le Japon, le pays mystérieux de l'extrême Asie, eût permis de prendre pied chez lui, et comment enfin l'Angleterre s'enrichit en grande partie de ses dépouilles, comme lui-même s'était enrichi de celles du Portugal.

Une digue à l'extrémité de l'Amstel (*Amstel-Dam*) donna son nom à la ville amphibie. Sans cesse menacée, dans son étroite bande côtière de terrain, par les pirates frisons d'une part, et de l'autre par les irruptions de l'Océan, dont le flot, en certains endroits, dépasse de plusieurs mètres le niveau du sol hollandais, Amsterdam se vit de bonne heure contrainte de se protéger contre ce double ennemi par un vaste système de barrages et de levées. Elle dut elle-même, comme Venise, s'asseoir ou plutôt se percher sur toute une forêt de pilotis. Chacun de ses édifices, églises, palais et maisons, repose sur des poteaux de soutènement qui s'enfoncent dans le limon et le sable à des profondeurs de 10 à 16 mètres. Les fondations du Palais royal en comptent plus de 14 000; l'établissement de la Bourse en a exigé 34 000. Aussi a-t-on dit que la ville, retournée, offrirait l'aspect d'une grande forêt sans feuilles et sans branches. L'art de planter et d'enchevêtrer le palis a été, dès le début, celui des constructeurs hollandais; la vraie architecture a été pour eux l'architecture hydraulique, et aujourd'hui encore, à Amsterdam, le vrai ministère de la défense nationale, c'est ce Conseil supérieur des eaux, *Waterstaat*, qui pourvoit à l'entretien des écluses, des digues, des canaux, et défend sans relâche le pays contre les retours offensifs de la mer.

Les écluses furent d'abord en bois; aujourd'hui ce sont des monuments de pierre d'une magnificence achevée. Du côté du golfe notamment, la grande écluse de Schellingwoude est une sorte de montagne de granit, percée de vastes portes où cinq navires peuvent passer de front.

Le premier essor de la prospérité d'Amsterdam date de 1369, époque de sa réunion à la ligue hanséatique; bientôt après, la route du Cap est ouverte par les Portugais, et, à la suite de ces derniers, les marins de la Hollande s'élancent sur les routes nouvellement frayées. En 1602, le grand pensionnaire Barneweld décide les États généraux à fonder cette fameuse Compagnie des Indes, qui avait son gouvernement à part, battait monnaie, recrutait des armées, et couvrait les Océans de ses navires. Dès lors, les marchands du Zuiderzée règnent sur les archipels lointains; ils font de Batavia le siège de leur empire colonial, et tiennent en respect Louis XIV lui-même.

Quoique Amsterdam ne soit plus aujourd'hui la souveraine orgueilleuse des mers et l'entrepôt général de l'Europe, elle a su cependant, grâce à l'esprit de conduite et à l'énergie de son patriciat du négoce, demeurer une place de commerce importante. La Compagnie et l'État commandent encore, rien que dans les Indes, à une population de près de 40 millions de sujets, et sans cesse de grosses flottilles de vaisseaux apportent aux quais de l'Amstel d'immenses provisions de denrées exotiques, indigo, camphre, épices, café, sucre, riz, thé, qui de là se répandent par tout le continent. Il est vrai que les Amsterdamois n'ont reculé, à aucune époque, ni devant le labeur ni devant la dépense, pour assurer le maintien de leur fortune. Comme le Zuiderzée est une mer difficilement navigable, et qu'en outre l'entrée de l'Y, large de 500 mètres environ, est obstruée par une barre due au banc de Pampus, à deux reprises ils ont percé la presqu'île sur laquelle leur ville est située, pour frayer une nouvelle route aux navires. Ils ont d'abord, à travers la péninsule tout entière, relié leur lac à la mer du

Nord par un canal de 84 kilomètres de longueur, qui était une merveille il y a cinquante ans; puis, ce canal ne suffisant plus aux besoins croissants de la navigation, ils en ont creusé, de nos jours, un autre qui coupe l'isthme de l'est à l'ouest, pour aboutir au port d'Ymuiden (*Ijmuiden*), la clef des écluses, à travers le rempart intermédiaire des dunes. Par cette colossale tranchée, dont la largeur égale celle du canal de Suez, les plus gros bâtiments peuvent, sans rompre charge, arriver en deux heures et demie de la mer du Nord au port d'Amsterdam.

Bien mieux, encouragés par le dessèchement, aujourd'hui accompli, de ce dangereux lac de Haarlem, dont les eaux, chassées par le vent, menaçaient sans cesse leur cité, les Amsterdamois n'ont-ils pas entrepris de vider à demi la coupe du Zuiderzée même? Déjà une partie du golfe de l'Y est mise en culture; là où naguère les flots déferlaient, on n'aperçoit plus qu'une grande plaine encadrée au nord par des levées. Une immense digue partant d'Enkuisen, sur la rive ouest, et gagnant la côte opposée vers l'embouchure de l'Yssel, délimite le champ de cette vaste expérience.

Jetons maintenant un regard sur la ville.

Pour la découvrir tout entière, nous n'avons qu'à faire l'ascension du campanile du Palais royal.

Ce qui frappe tout d'abord dans le panorama, vu du haut de cet observatoire, ce sont quatre canaux concentriques, longs de plusieurs kilomètres chacun, dont trois se développent en lignes brisées autour des quartiers du centre, et dont le quatrième, le canal extérieur, courant au pied des anciens remparts transformés en promenades, entoure les autres d'une sorte de demi-cercle. On voit ensuite que ces grands canaux, ces *Grachten,* comme on les appelle, sont tous coupés à angle droit de fosses transversales, rayonnant vers l'extérieur en forme de branches d'éventail, de façon que la ville apparaît divisée en une multitude d'îlots (quatre-vingt-quinze) reliés entre eux par trois cent trente-quatre ponts qui relèvent, au besoin, leur tablier pour laisser passer les bateaux. Puis, à travers ce réseau géométriquement dessiné, se déroulent les méandres de l'Amstel, qui, d'amont en aval, porte divers noms. C'est d'abord l'Amstel intérieur (Binnenamstel), magnifique à voir dans sa belle courbure de 200 mètres de large, avec ses flottilles de navires, ses

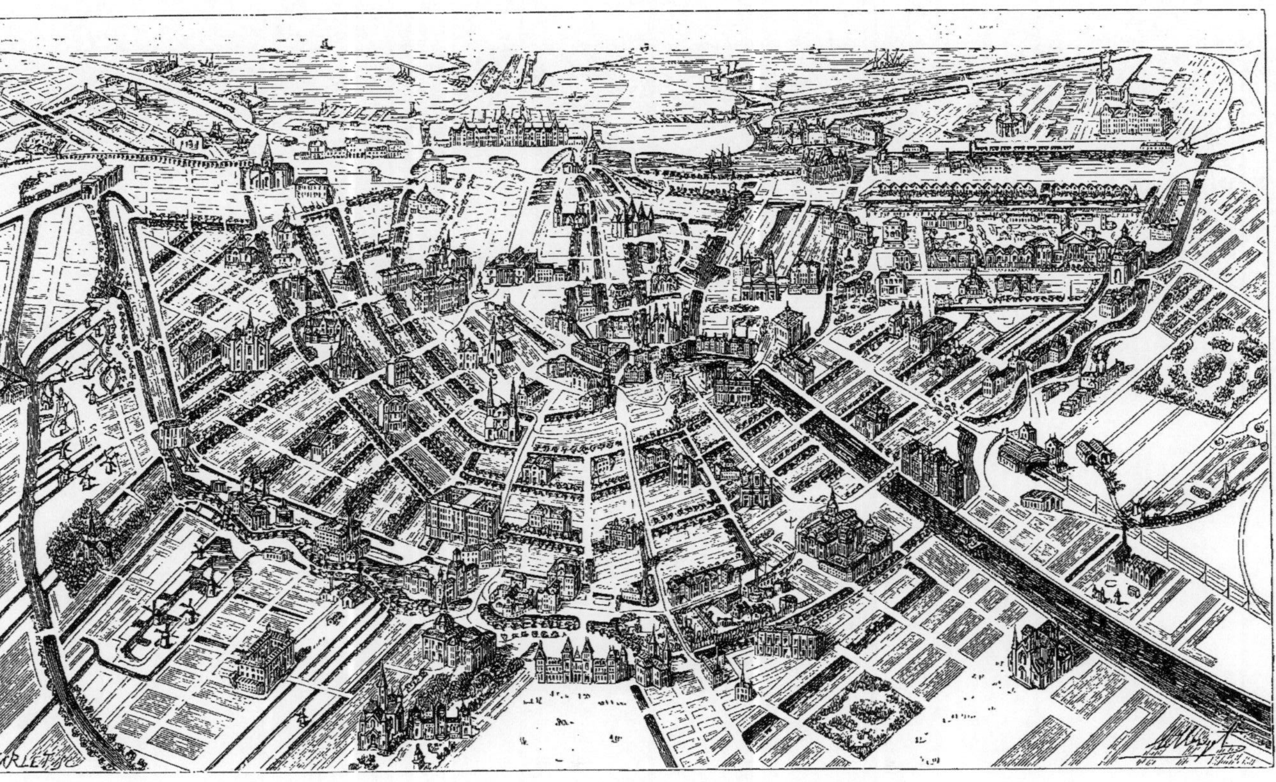

AMSTERDAM (PLAN GÉNÉRAL DES CANAUX ET DES RUES).

rangées d'arbres centenaires, et sa double bordure de maisons rouges et noires. Bientôt il se rétrécit et devient le Rokin; c'est la seconde section de son parcours. A celle-ci succède une troisième branche fluviale, qu'on nomme le Damrak. Et toujours, de plus en plus, une nuée de navires, gros et menus, des files de maisons titubantes et pressées, au-devant desquelles les quais semblent crouler sous le poids des ballots et des marchandises. Arrivé enfin au pont Neuf, le Damrak, par une gigantesque écluse, se décharge dans le port proprement dit, qui se découpe au milieu du détroit de l'Y.

C'est le côté extérieur de la ville. Là s'étend une nouvelle ligne de quais irrégulièrement brisée dont le terre-plein du chemin de fer et des levées couvertes de constructions vous dérobent la vue quand vous venez de la mer, mais que, du haut de notre signal, nous pouvons parfaitement discerner, ainsi que les divisions du port, partagé par deux digues et sept estacades en un certain nombre de bassins.

Regardez à présent plus au loin. Voici les massives écluses de Schellingwoude dont je vous parlais tout à l'heure; au nord, voici le village de Zaandam, où l'on ne manque pas de montrer au touriste la cabane jadis habitée par le charpentier-calfat Pierre le Grand. Qu'est-ce aussi, au-dessus de ces touffes épaisses de verdure? Des moulins à vent, par milliers, de toutes formes et de toutes dimensions. Est-ce une simple fantaisie de décor, un coup de pinceau de plus dans le paysage? non; ces maisons aux ailes tournoyantes, qui marient si harmonieusement leur tic-tac au bruit des vagues déferlantes et au murmure du vent dans les arbres, sont de véritables usines aériennes, une des richesses de la terre hollandaise. L'ingénieur, ici, est, avant tout, un faiseur de moulins. Le moulin sert à tous les usages, à élever l'eau, à presser les graines oléagineuses, à battre le chanvre, à moudre, à scier le bois, et surtout à pomper, sur ce sol putride, l'éternel excédent de matières aqueuses, à dessécher le marécage qu'on transformera en terres endiguées ou *polders*.

Mais vous n'avez point embrassé tout l'ensemble. Jetez encore un coup d'œil là-bas, sur cette fraîche nappe de verdure qui s'étale indéfiniment devant vous, sur cette aire de prairies combles de bétail, que rayent, à perte de vue, d'interminables stries de canaux. A l'ouest enfin, du côté de la grande mer, regardez cette masse grise : c'est

Haarlem, la cité des fleurs, avec son magnifique bois de hêtres; au delà même, si le temps le permet, vous apercevrez le rempart des dunes.

Tels sont les traits principaux du tableau dont il nous reste à saisir le détail, en nous renfermant dans le cadre de la ville. Cette dernière est toujours à nos pieds, projetant vers nous ses innombrables clochers aux fougueux carillons, ses vingt mille pignons, ses forêts de mâts, ses maisons de briques sans cesse lavées, frottées, vernissées, construc-

UN QUAI D'AMSTERDAM.

tions pour la plupart effilées et étroites, qui avec leurs perrons de granit, leurs grilles de fer en avance, leurs entrées de cave en saillie, comme on en voit à Genève et à Berne, empiètent peut-être plus que de raison sur l'espace où se meuvent passants et promeneurs.

Le cœur historique de la cité, la huitième merveille du monde, à ce que disent les Amsterdamois, c'est la place du Dam, aboutissant de tous canaux et aussi des rues principales. La place elle-même est irrégulière; ses maisons, prises dans leur ensemble, n'ont rien de remarquable; mais là se dresse le Palais royal, l'édifice le plus beau et le

AMSTERDAM.

plus important de la ville. Au-dessus de sa lanterne terminale tourne une girouette en forme de vaisseau, la vraie armoirie parlante de ce peuple de navigateurs. Au milieu de sa façade, des figures en relief représentent Amsterdam elle-même, entourée des divinités marines, Neptune, ses tritons, ses chevaux marins, ses naïades. Derrière le fronton enfin, se dresse, coiffé d'un petit dôme, le campanile carré que vous avez gravi.

La Nouvelle-Église (*Nieuwekerke*), un très bel édifice, dont le péristyle est orné de dix-sept colonnes, la Bourse, dont l'autre façade donne sur le Damrak, occupent aussi cette même place du Dam. Au centre enfin de ce vieux forum, qui vit jadis les autodafés de protestants, et où bien des fois retentirent les grondements de l'émeute, s'élève, en commémoration de la guerre de 1830, la colonne de granit dite la Croix-de-Métal.

La place du Dam est, à Amsterdam, quelque chose comme la place Saint-Marc à Venise ; seulement la foule qui se presse ici, au lieu d'être surtout, comme là-bas, une population d'oisifs, de rêveurs, de faiseurs de sonnets à la lune, ne se compose guère que de gens affairés, se bousculant, courant en tous sens, et dont l'ensemble offre au touriste une diversité presque inénarrable de types, de costumes et d'idiomes. Toute la Néerlande, tant celle d'Europe que celle d'outre-mer, défile là sous vos yeux ébahis, depuis le pêcheur du Zuiderzée, habillé de sa veste bariolée, et la paysanne de la Groningue, coiffée de son petit casque doré, jusqu'au Juif amsterdamois, outrageusement rougeaud et sordide, et au marchand à face bronzée des îles océaniennes que l'on sait.

La rue la plus fréquentée est la *Kalverstraat*, rendez-vous préféré des étrangers. Elle va parallèlement au Rokin de la place du Dam à la tour de la Monnaie, laquelle marquait autrefois de ce côté la limite de la ville. Là sont les plus beaux restaurants et cafés. Une des curiosités de ce même quartier, c'est une autre tour, la tour des Pleurs, sise à l'endroit d'où partaient jadis les navires se dirigeant vers les Indes, Sur sa porte est un bas-relief qui représente, à la date de 1569, un bâtiment en train de cingler et une femme qui pleure : car la mer, qui enrichit, fut de tout temps fertile en naufrages.

Parmi les vieux quartiers, il faut visiter surtout le quartier juif, qui ne fut jamais clos, comme l'était naguère encore le *Ghetto* de Rome, mais qui ne le cède guère à ce dernier au point de vue de la malpropreté, des immondices, de l'étalage de haillons et de loques. Est-ce par hasard qu'une de ses rues porte le nom étrangement expressif de rue aux Puces? Mais la Haye, la cité officielle de l'élégance et de la fashion, a bien, me direz-vous, sa rue aux Poux. Toujours est-il que c'est dans cette région d'Amsterdam que se concentrent les ateliers de taille, de clivage et de polissage des diamants. Un de ces établissements, situé dans la rue du Bourg-aux-Hiboux, encore une appellation qui fait peur, est véritablement gigantesque.

Près de là se trouve la maison que Rembrandt habitait et où le grand artiste flamand enfanta ses œuvres les plus remarquables. Avouons que, comme Léopold Robert à Chioggia, il était admirablement posté, dans ce coin épique d'Amsterdam, pour étudier sur le vif ces types mirifiques de gueux, de mendiants, de fils d'Israël déguenillés et hirsutes, de lépreux, de marchands de mort-aux-rats, que son pinceau se complaisait à rendre. Sa statue se dresse, elle aussi, sur une place d'un caractère typique, ce pittoresque Marché-au-Beurre, où, chaque année, au mois de septembre, se tient la fameuse fête foraine que les Amsterdamois appellent leur *kermesse*.

On compare volontiers Amsterdam et Venise. Certes, les deux cités amphibies ont entre elles bien des points de rapport. L'une et l'autre vivent de l'eau et sur l'eau; l'une et l'autre, nées au fond d'un golfe marin, ont dû créer artificiellement l'assise sur laquelle elles se sont élevées. Toutes deux ont gardé leur autonomie, ont défendu la liberté de conscience, ont su allier au soin de leurs intérêts mercantiles les plus nobles préoccupations de l'ordre artistique et intellectuel; toutes deux ont fait école en peinture. Mais, en dehors du ciel et de l'atmosphère, que de dissemblances radicales entre la ville du Titien et celle de Rembrandt! A Venise, le sol n'apparaît presque point; c'est la mer qui est tout. A Amsterdam, au contraire, le sol, comme nous venons de le voir, joue un rôle aussi important que la mer. Chaque rue est en même temps une voie de communication et un port; chaque berge est un entrepôt. A Venise, la cité poétique et radieuse, règne le silence le plus absolu; à Amsterdam, la cité trafiquante, tout est bruit, tumulte, fracas; les oreilles du touriste en sont assourdies. A Venise, point de verdure. La plage du Lido, la ligne lointaine des

Alpes Juliennes, constituent l'unique horizon agreste sur lequel le regard se puisse reposer; Amsterdam, au contraire, est tout enveloppée d'arbres et d'ombrages. Venise enfin, de tout temps insouciante de l'avenir, semble s'être laissée déchoir pour jamais; ses palais s'effritent misérablement, son vaste port de la Giudecca demeure à peu près vide de navires; la liberté même, inespérément reconquise par elle, n'a pu rendre à l'ex-reine des lagunes sa vitalité et son ressort. Les Hollandais, au contraire, gens sérieux, pratiques, prévoyants, ne sacrifiant ni aux grâces ni aux fantaisies de l'imagination, tout à la réalité comme leurs peintres, ont fait serment de ne point s'endormir. Décidés à ne plus rien perdre de ce qu'ils ont acquis, pas même là-bas à Sumatra, ce pays des redoutés Atchinois qui leur a coûté tant de sang et d'argent, ils estiment que la concurrence du voisin ne doit être pour eux qu'un coup de fouet, et que, plus que jamais, il leur faut justifier cette devise que leur drapeau national arbore avec le faisceau des onze flèches : « Je maintiendrai. »

CHAPITRE II

De Londres à Édimbourg par Dublin.

I

On l'a dit avec raison, pour bien juger de l'immensité de Londres, il faut l'aborder par la Tamise. La Tamise (*Thames*) est la vraie grand' rue de Londres. L'estuaire même du fleuve, ouvert juste à la jonction des deux routes marines les plus fréquentées qui existent, forme à la ville une sorte de rade extérieure, refuge naturel des bâtiments qui sillonnent incessamment ces bassins de l'Atlantique. Par suite aussi, tous les havres secondaires échelonnés sur ses rives sont pour ainsi dire des avant-ports, presque des faubourgs maritimes de la capitale britannique.

Large comme un golfe en face du fort Tilbury, le cours d'eau se rétrécit ensuite, et, en amont de Gravesend, ne mesure plus que 500 mètres environ. Aux berges élevées de la côte de Kent font face, sur la rive d'Essex, des terrains bas, marécageux, moins peuplés aussi. Bientôt se montrent des usines, des hangars, des entrepôts, des chantiers, près desquels s'amarrent de gros bâtiments. On n'est encore qu'à la hauteur de Woolwich, et déjà l'on se croirait au cœur de l'immense officine anglaise. A main droite commence le défilé des grands docks qui se succèdent dans la double courbe presque en forme d'S que la Tamise décrit autour de la presqu'île des Chiens. Ces docks, creusés dans les terres, à plusieurs milles de distance parfois, sont, à eux seuls, tout un monde, avec leurs canaux, leurs bassins, leurs quais couverts de grues à vapeur et de machines hydrauliques, leurs vastes hangars-abris, leurs magasins à plusieurs étages où s'entassent des montagnes de ballots, de sacs, de tonneaux, de marchandises arrivées des régions les plus fantastiques, poivre, girofle, cannelle, ivoire, encens de la mer Rouge, gommes d'Arabie et du Sénégal, plumes d'autruche d'Abyssinie, aloès, nacre, et mille autres produits de même provenance.

Ce sont successivement, d'aval en amont, les docks Victoria, complétés récemment par les docks Albert, autour desquels se développe le faubourg suburbain de Halleville, et où entrent les plus gros steamers, ceux des Indes, d'Australie, de Chine, jaugeant jusqu'à 7 000 tonneaux; — les docks des Indes orientales, ceux des Indes occidentales, de Millwall, du Commerce, etc. Nous avons rangé au sud l'hôpital de Greenwich et la colline de l'Observatoire, et toujours apparaissent des chantiers, des débouchés de rues ou de canaux, de hautes fabriques à l'aspect sombre, des silhouettes d'édifices nageant dans la brume et tout incrustés de noir de fumée. Au milieu de tout cela, des nuées de navires, faisant la haie sur l'onde noire, allant et venant, se poursuivant, se croisant, heurtant presque de leurs vergues les façades chancies des maisons. Puis, à l'extrémité de la courbe, se dressent de nouveaux docks, les London-Docks, les plus vastes de tous, et les docks Sainte-Catherine, où atterrissent les bâtiments venant d'Europe.

Nous voici au cœur de London, par delà les tunnels sous-fluviaux, au premier pont en aval, le fameux pont de Londres. A 96 kilomètres de son embouchure, la Tamise a encore ici deux fois la largeur de la Seine à Paris, sur une profondeur moyenne de 4 mètres à marée basse, de 10 mètres à marée haute. Notez que le flot monte et descend dans cette masse d'eau sans même l'agiter.

Là se trouve la limite de navigabilité pour les gros navires; là finit le port proprement dit, lequel a 12 kilomètres de longueur à partir de Woolwich. Continuons cependant notre course en amont. Une quinzaine d'autres ponts ou viaducs succèdent à celui que nous venons de dépasser. Au cinquième, celui de Blackfriars, apparaît, sur la rive gauche, la longue et superbe ligne des nouveaux quais-boulevards Victoria, terminés en 1870, et qui ont rectifié de ce côté le cours du fleuve. Le pont suivant est celui de Waterloo; il a 404 mètres de longueur et cinquante-deux arches, y compris le prolongement de ses assises sur les rives. Le huitième est celui de Westminster, qui ne mesure plus que 255 mètres. Le dernier enfin, en deçà du viaduc du West-Railway, est ce vilain pont de Battersea, qui relie le faubourg du même nom, bâti sur le côté nord du fleuve, à celui de Chelsea, sis à l'opposite.

Dans le parcours même de la ville, la Tamise est une rivière sale, charriant, plus encore que la Seine à Paris, une masse d'immondices et de détritus auxquels s'ajoutent les apports fétides de deux ou trois ruisseaux affluents, la Fleet, le Tyburn, la Lea, transformés, cela va sans dire, en égouts. Voulez-vous voir le cours d'eau londonien couler des ondes pures et limpides en s'encadrant de frais paysages? poussez en amont, le long de ces communes de villégiature qui sont encore des faubourgs de la ville. Voici Richmond et sa belle terrasse, au pied de laquelle la Tamise décrit une si gracieuse inflexion; voici Twickenham et son observatoire; puis Teddington, où s'arrête la marée; puis Hampton-Court, point extrême où remontent les bateaux à vapeur. Plus haut, la rivière cesse complètement d'être navigable; aussi est-ce là que finit la juridiction du port de Londres. Si nous allions toujours du même côté, nous arriverions, non loin du camp d'Aldershot, au rempart de collines calcaires (North-Downs) qui représente, au sud-ouest de Londres, le grand relief défensif du pays; là est ce village de Dorking, auquel une fiction de patriote alarmé a préventivement octroyé la notoriété épique que l'on sait. La Tamise contourne sinueusement ce massif, que troue, au contraire, la Mole, un de ses tributaires. Plus loin encore, nous atteindrions l'île fameuse de la Grande-Charte, où Jean sans Terre, il y a près de six cents ans, fut contraint de signer l'acte qui désarmait à jamais la royauté britannique. Bientôt après, nous rangerions les hauteurs qui portent le château de Windsor, la merveille historique d'outre-Manche. De là jusqu'au plateau jurassique où la Tamise prend naissance, à l'est de Gloucester et de Cheltenham, il y a 200 kilomètres environ.

Tel est, en son cours principal, le fleuve nourricier de l'immense ville qui commande à 36 millions d'hommes en Europe, à 6 millions

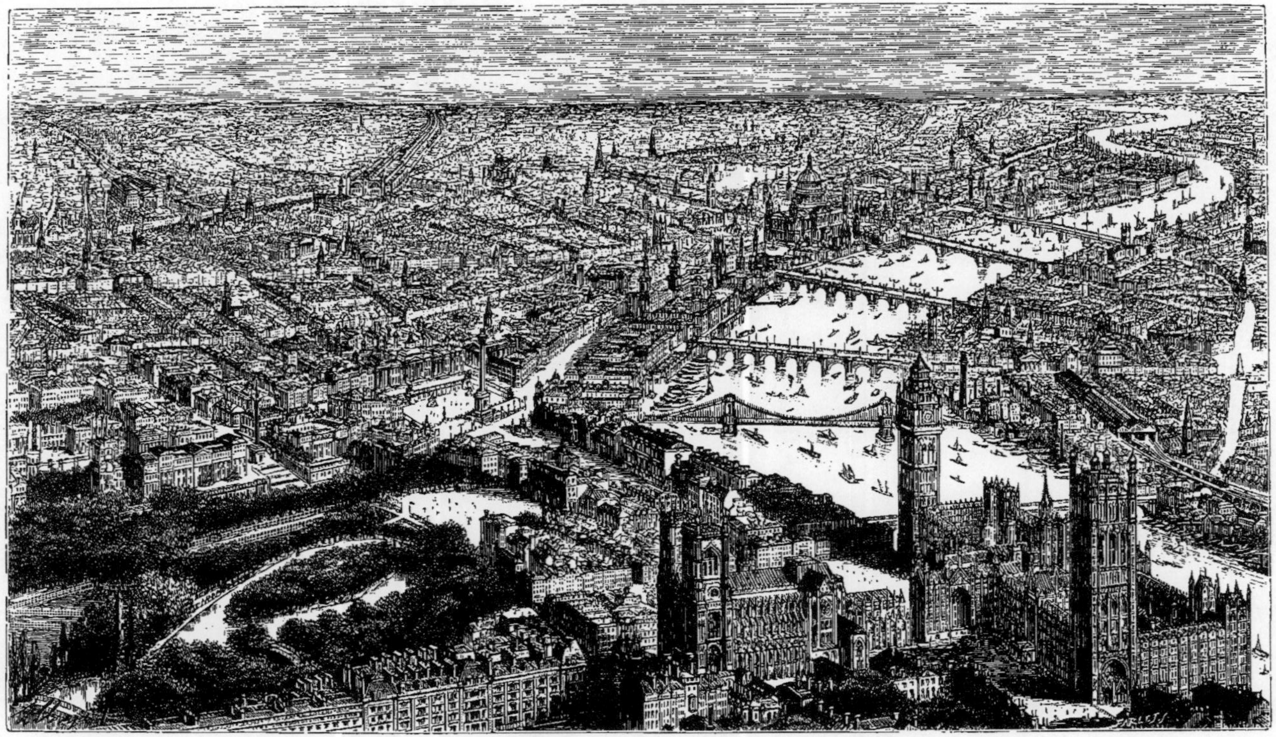

LONDRES.

en Amérique, à près de 3 millions en Afrique, à 250 millions en Asie, et à plus de 3 millions en Océanie, qui reçoit annuellement dans ses docks plus de 60,000 navires, et dont le commerce maritime, en 1879 par exemple, a été de 4 milliards et demi de francs, c'est-à-dire supérieur à celui de tous les autres ports du monde, Liverpool et New-York y compris.

Cette cité gigantesque, peuplée de près de 5 millions d'habitants (4,764,000), et que, ni des hauteurs de Highgate au nord, ni de celles de Greenwich à l'est, ni de la grande tour du palais de cristal de Sydenham au sud, le regard ne peut embrasser tout entière — tant à cause du brouillard qui la couvre que de son incomparable étendue, — ne forme pas un tout comme Paris; elle n'a pas d'individualité propre; elle représente en réalité une juxtaposition de plusieurs villes (on en distingue dix-sept officiellement), vivant chacune pour soi, sans nul lien municipal commun. C'est, on l'a dit, une « province couverte de maisons », et de fait elle s'étend sur quatre comtés, Essex, Middlessex, Surrey et Kent, en mesurant, de l'est à l'ouest, 25 kilomètres de longueur, contre 21 du nord au sud, soit un pourtour total de 90 kilomètres environ. On a calculé que, mises bout à bout, ses rues, au nombre de vingt-trois mille, atteindraient à travers l'Europe et l'Asie l'extrémité sud de l'Himalaya. Le chemin de fer métropolitain, rattaché à toutes les lignes de ceinture, et, par elles, à toutes les lignes du royaume, compte plus de cent cinquante stations, et quatre cents trains y circulent journellement. Bref, n'ayant ni limites précises, ni mur d'octroi, ni enceinte d'aucune sorte, Londres peut s'épandre indéfiniment, englober les communes et les paroisses rurales, sans que nul appoint l'assouvisse jamais.

La Tamise, qui traverse la ville de l'ouest à l'est, en y décrivant les courbes que j'ai dites, la partage, comme la Seine fait Paris, en deux parties d'importance inégale. La principale est au nord, sur un sol formé d'espèces de terrasses étagées en pente douce, dont l'aspect contraste avec les terrains bas et marécageux de la rive sud. Trois cités, la *Cité* proprement dite, la cité de Greenwich, la cité de Westminster; cinq bourgs : Mary-le-Bon, Fensburg, Tower-Hamlets, Lambeth, Southwark, et je ne sais combien de communes de banlieue: Hamstead, Islington, Limehouse, Woolwich, Battersea, Chelsea-

Falham, Kilburn, Kensington, etc., composent le gros de l'agglomération.

Le centre et le cœur de Londres, c'est la *Cité* proprement dite, qui forme, sur la rive droite de la Tamise, une ville à part, large de 2 kilomètres à peu près, ayant, on le sait, sa juridiction propre, ses francs-bourgeois, électeurs exclusifs de ce fameux lord Maire qui a sa résidence dans Mansion-House, et qui ne représente en réalité qu'une fraction dérisoirement infime de la capitale de la Grande-Bretagne. La Cité est le comptoir de Londres, le siège du crédit. Là, de 9 heures du matin à 5 heures du soir — à tout autre moment le quartier est désert, — se traitent les affaires et spéculations; là sont les bureaux ou *offices* de toutes les administrations financières, maritimes, commerciales, les maisons de change, les magasins des gros nababs du trafic, et les édifices indispensables à ce train de négoce effréné : poste, banque, monnaie, douane, bourse, imprimerie du *Times*. Là aussi, sur ce coin de terre, qui répond au lieu primitif mentionné par Tacite sous le nom de *Londinium*, s'élèvent la cathédrale de Saint-Paul avec son dôme de 123 mètres, et le Parlement, et le British-Museum, et l'hôtel de ville ou Guildhall, un des rares édifices échappés à l'incendie de 1666, qui dévora treize mille maisons avec quatre-vingt-neuf églises, et dont témoigne une colonne de 61 mètres de haut.

Outre l'hôtel de ville susnommé, la vaste métropole britannique ne possède, en fait de monuments anciens, que l'abbaye de Westminster et la tour de Londres, érigée par Guillaume le Conquérant sur l'emplacement d'un *castellum* romain. La vieille porte légendaire de Temple-Bar a été démolie pour dégager cette artère du Strand qui court parallèlement à la Tamise et sur laquelle tombe presque perpendiculairement une autre rue maîtresse, Regent-Street, centre des magasins à la mode, des restaurants et des cafés élégants.

Le Strand forme transition entre la Cité et le West-End, ou quartier de l'Ouest, siège préféré de l'aristocratie, de la richesse et de la *fashion*, comme Chelsea, au sud-ouest, est celui de la petite bourgeoisie et de la *gentry*, et Saint-James celui des cercles de bon ton, des clubs de toute sorte, parmi lesquels, et en première ligne, figure le fameux *Alpine-Club*, dont la devise est *Excelsior;* car les Anglais ne sont pas seulement le peuple qui se flatte de naviguer le plus loin sur la mer ; ils sont aussi le peuple qui se pique de grimper le plus haut sur la terre.

On a remarqué l'analogie qui existe entre la ville neuve à Londres et le dessin des quartiers luxueux de Paris. Oxford-Street par exemple, avec son prolongement d'Holborn-Street, rappelle assez la ligne de nos boulevards. Piccadilly, qui mène à Hyde-Park, le long de Green-Park, est dans une direction analogue à celle de notre rue de Rivoli, et la situation de Hyde-Park ressemble beaucoup à celle de nos Champs-Élysées. De même, les deux aires de verdure des Saint-James et Green-Parks représentent assez bien la position du jardin des Tuileries, et le palais de la reine, Buckingham-Palace, a vue sur Saint-James Park, comme l'ex-résidence de nos rois et empereurs donnait sur le jardin des Tuileries. La seule différence est que la Tamise, au lieu de se prolonger à peu près en ligne droite vers l'ouest, dessine vers le sud, au-dessous de James-Park, une brusque inflexion dans l'arc de laquelle est comprise la cité de Westminster.

La caractéristique de Londres, ce ne sont pas ses maisons, qui ont l'aspect triste, sont dénuées de cours et de portes-cochères ; ce ne sont pas non plus ses magasins, auxquels manque, en général, cet air hospitalier et avenant qui distingue chez nous les moindres boutiques ; ce ne sont pas davantage ses restaurants, ses *coffee-rooms*, ses tavernes, qui presque tous ont un air de mystère et de quant-à-soi ; c'est, du moins dans les grands quartiers tels que le West-End, l'ampleur aisée, pleine de naturel, avec laquelle les habitations s'emparent du sol, de l'air, de l'espace. Là, les rues, d'une largeur dont celle de nos plus grands boulevards ne saurait donner une idée, sont, ainsi que les demeures qui les bordent, littéralement baignées de lumière ; les jardins particuliers sont vastes comme des squares publics ; une ligne ininterrompue de verdure, d'eaux vives et d'ombrages où chantent les oiseaux, donne à ces régions fortunées un charme *sui generis* qui ne se retrouve au même degré dans aucune autre grande ville d'Europe.

Et que dire de ces immenses parcs où apparaissent d'une manière si frappante cet amour et ce sens profond de la nature qui caractérisent les Anglais? C'est la campagne surgissant du lacis même des maisons. Ce sont des forêts entières avec des prairies *pour de vrai*, où vaches et moutons paissent en liberté, où circulent des rivières vivantes, où s'étalent des lacs frémissants, tout peuplés de cygnes et d'oiseaux aquatiques. Tel est, au nord, Regent's-Park, où se trouvent les jardins botanique et zoologique ; celui-ci, le plus important qui existe, héberge toutes les espèces d'animaux qu'il est possible de rencontrer sous le soleil ; tels sont aussi Kensington's-Park, Saint-James Park, et surtout cet incomparable Hyde-Park, arène féerique des belles chevauchées, rendez-vous des somptueux équipages : un bois de Boulogne, au centre de la ville.

Mais, il faut bien le dire, quel contraste entre ces splendides régions où les rues sont merveilleusement entretenues, où les voitures roulent sans bruit sur des chaussées élastiques et molles, et les misérables faubourgs de Saint-Gilles, par exemple, de Spitalfields, le quartier des tisserands, de White-Chapel, de Bethnal-Green, avec son Fossé du Chien où se tient, chaque semaine, la Foire aux Guenilles ! Là, des ruelles sombres, des rues boueuses, une population de parias, des bouges infects, tels que çà et là — mais seulement çà et là, — on en découvre encore à Paris ; de hideux cloaques, repaires du vice et de l'ivrognerie, où des milliers de malheureux, abrutis par le *gin*, vivent pêle-mêle avec les pourceaux, haves, galeux, dégoûtants. C'est le paupérisme anglais dans toute sa laideur, et parfois même, le paupérisme coudoyant le luxe le plus effréné, les haillons de Saint-Gilles se mirant dans les glaces dorées d'Oxford-Street et de Piccadilly. Oui, au milieu même des plus beaux quartiers, des rues entières ne se composent que de taudis où tout un peuple de déshérités et de meurt-de-faim croupit littéralement dans l'ordure ; je ne parle point de la plèbe essentiellement ambulante qui ne possède pas même de taudis, et couche, au petit bonheur, sous les ponts.

C'est l'envers de cette opulence seigneuriale dont le touriste a eu d'abord la vision. La ville par excellence des crésus est aussi celle où la misère s'accuse sous les traits les plus repoussants. Londres possède pourtant un millier d'institutions de charité, et la taxe des pauvres y atteint le chiffre effrayant de trois cents millions. Quel argument contre ces monstrueuses tassées d'êtres dont la métropole de la Grande-Bretagne est le spécimen le plus achevé ! Un millionnaire anglais, ennemi de la crasse, a, dit-on, payé de ses deniers, dans le quartier pauvre et populeux de l'est, l'immense terrain de Victoria-Park, pour y faire un lac où quatre mille personnes aient la faculté de se baigner à la fois ; l'idée et l'œuvre sont dignes d'un lord ; mais quelle vasque lustrale arrivera jamais à purifier la bohème londonienne, cette fille de l'immondice et de l'égout, de sa hideuse lèpre physique et morale?

II

De Londres à Dublin, la capitale de l'Irlande, on compte une distance de 535 kilomètres, dont 70 de mer. Le trajet s'effectue en onze heures environ, par le chemin de fer, jusqu'à l'île d'Holy-Head, au delà du détroit de Menai, que franchit un pont tubulaire de 525 mètres de longueur, œuvre de l'ingénieur Stephenson ; de ce point à Kingstown, par le bateau, il y a 99 kilomètres.

La métropole de l'antique *Hibernia* des Romains, en irlandais *Erin*, est située sur la côte orientale de l'île, près de l'embouchure du Liffey, lequel n'a qu'un cours de 120 kilomètres. C'est à la fois la capitale et le havre principal de l'Irlande. Belfast, la grosse ville du nord, Cork, la grosse ville du sud, ont un commerce bien inférieur au sien. Elle ne constitue pas cependant un port de grande navigation, et, comme cité maritime, elle n'occupe que le septième rang dans le Royaume-Uni. Elle fait surtout du cabotage avec l'Angleterre et l'Écosse, auxquelles elle expédie chaque jour bétail, œufs, lait, beurre, légumes, et dont elle reçoit en échange les produits manufacturés. D'industrie locale, fort peu, en dehors des toiles, des lainages, de la fabrication de la bière noire connue sous le nom de *stout*, et de l'eau-de-vie de grain ou *wisky*, boisson favorite des Irlandais, et aussi de bon nombre d'Irlandaises.

Bien qu'il n'ait presque pas de vieux monuments, Dublin est une ville très ancienne, puisque Ptolémée la mentionne déjà, sous le nom d'*Elbana*, comme une localité de pêche importante. Peu à peu, grâce à son trafic toujours croissant, elle supplanta la capitale primitive et officielle du pays, qui se trouvait sur une colline à 40 kilomètres plus à l'ouest, à savoir le bourg de Tara (le Grand-Palais), où se faisait le couronnement des rois ; et ainsi fut vérifiée la prédiction qu'avait faite saint Patrick au cinquième siècle. Pendant longtemps, les Norvégiens et les Danois, ces *Wikings* écumeurs de la mer, en disputèrent la possession aux Irlandais ; enfin, au douzième siècle, ceux-ci la recouvrèrent définitivement ; par malheur, ce ne fut que pour la voir tomber bientôt au pouvoir des Anglais qui, depuis lors, l'ont toujours gardée. Depuis lors aussi, on le sait, les fils des antiques *Feinni*, nom que les vieux documents appliquent aux ancêtres (de là est venu le terme de *Fenians*), sont restés en état d'insurrection plus ou moins ouverte contre leurs vainqueurs.

Le fleuve qui parcourt Dublin d'ouest en est le divise en deux parties à peu près égales. Le périmètre de la ville, marqué par la Route-Circulaire (*Circular Road*) qui lui sert de limite municipale, mesure 12 milles environ. Cette capitale d'une contrée fertile, dans laquelle cependant la famine règne pour ainsi dire en permanence, où le mot *not rent* « pas de fermages ! » demeure le cri de ralliement national, et où la population a diminué de 40 pour 100 depuis un demi-siècle, offre on le devine, un aspect assez morne, malgré ses 400 000 habitants. Les classes aisées l'ont presque désertée, et il n'y a qu'à y regarder la multitude des casernes et des policemen, pour comprendre la situation du pays. Aussi la *harpe* d'Irlande, qui figure, avec le *léopard* d'Angleterre et le *lion rouge* d'Écosse, dans l'écusson armorial de la Grande-Bretagne, ne rend-elle guère, lorsqu'elle vibre au vent, que ces sons mélancoliques et plaintifs qui s'échappaient des harpes hébraïques aux bords du fleuve babylonien.

Dublin, malgré tout, est une belle ville. Ses rues ne sont pas aussi régulières et aussi bien tenues que celles d'Edimbourg par exemple ; en revanche, ses quais, bordés de hautes maisons, sont des plus imposants qui existent. C'est d'un des ponts qui traversent la rivière qu'il faut prendre une idée de l'ensemble. On a, de là, une perspective à souhait sur la cité de Wellington et sur son fleuve, que peuvent remonter les navires de 7 mètres de tirant. Le Château, où réside le lord-lieutenant de l'Irlande, est d'un bel effet ; la Sackville-Street, artère de 36 mètres de large qui aboutit au pont d'O'Connell, est une voie magnifique. La cathédrale de Saint-Patrick avec ses tours, le palais de justice avec son dôme aplati, sont aussi des monuments pleins de majesté ; la Grafton-Street enfin, avec son animation et ses riches magasins, est une rue digne d'une capitale. C'est du côté de la baie

8

DUBLIN.

cependant, là où le cours d'eau, assez resserré d'abord, s'élargit en fuyant entre deux lignes de docks, que se dresse le principal édifice de Dublin, la douane, dont la façade quadrangulaire surmontée d'un dôme élégant se développe sur quatre rues. Ajoutons que le Phœnix-Park, sis sur la rive sud du Liffey, est un des plus beaux parcs de l'Europe. Dans son circuit de 11 kilomètres, qui renferme le jardin zoologique, s'étend une campagne semée de bosquets où bondissent les chevreuils. N'oublions pas, sur la rive nord, le château normand de Clontarf.

Tout un réseau de chemins de fer se ramifie en éventail autour de la ville ; celle-ci est, en outre, reliée à la côte occidentale de l'Irlande par un canal rejoignant le Shannon, rivière qui devient de grande navigation à l'estuaire allongé de Limerick. Le port de Dublin a été d'ailleurs complété par la création de deux havres artificiels à l'embouchure du Liffey, baie que les Irlandais comparent un peu emphatiquement au golfe de Naples, mais qui n'en est pas moins magnifique. Ce sont, au sud, en aval du phare, Kingstown, où atterrit, je l'ai dit, le paquebot d'Holy-Head ; au nord, sous une presqu'île rocheuse, Howth, avec sa station balnéaire, son abbaye et ses superbes falaises, but d'excursion des habitants de Dublin.

Vers l'intérieur, la métropole de la « verte Erin », ne confine pas aux sites les plus grandioses du pays. Elle n'a point, comme Cork au midi, le voisinage de ces fameux lacs de Killarney, dont Thomas Moore, le poète de l'Irlande, admirait tant les rochers et les îles ; elle n'a point non plus, comme Belfast au nord, ces falaises merveilleuses de la côte d'Antrim dans lesquelles s'ouvrent les trente-cinq grottes connues sous le nom de chaussée des Géants, et où se réfugiaient jadis les *outlaws*. Elle possède néanmoins, à peu de distance au sud, des sites pleins de pittoresque et d'attrait, que le touriste a pour devoir de connaître : ce sont les monts de Wicklow, ensemble de hauteurs et de gorges, tout parsemés de lacs frémissants, et où les amants de l'agreste nature sont assurés aussi de rencontrer des pâtres suffisamment hirsutes, prêts à leur offrir, sous le nom poétique de « rosée de la montagne », l'onctueux lait de leurs chèvres sauvages.

III

Trois lignes de chemins de fer au choix conduisent en neuf heures de Londres à Édimbourg.

Sise derrière le rempart des monts Cheviot, qui mesurent 800 mètres environ d'altitude, à 5 milles de l'estuaire de Forth, dont le rocher de Bass marque l'entrée, et au point le plus étroit de l'Écosse, la capitale de cette vieille région des Pictes et des Scotts, dont Tacite nous a dépeint les montagnards aux cheveux roux, diffère essentiellement de Dublin par le site comme par la structure. Elle n'est pas, tant s'en faut, le centre le plus populeux du pays : Glascow, sur la côte opposée, compte plus de 700 000 habitants ; Édimbourg n'en a que 250 000 ; ce qui ne l'empêche pas d'être la ville reine, le vrai joyau de la Calédonie, la cité pittoresque et curieuse entre toutes.

Son originalité principale, elle la doit au relief mouvementé de son sol. Qu'on se figure une série d'intumescences parallèles, semblables à d'immenses vagues figées, dont les crêtes aussi bien que les dépressions sont couvertes de maisons en pierres blanches, et, entre tous ces plans divers, des projections de ponts et de viaducs enjambant les vallées et réunissant par de gigantesques soudures les parties chaotiques de l'ensemble.

C'est sur la plus haute de ces collines que s'éleva d'abord, autour du Château, la primitive Édimbourg ; mais bientôt, l'espace lui manquant, elle s'épandit dans le creux le plus proche, le remplit, lui aussi, de ses constructions, pour lesquelles elle avait à souhait le rendement des carrières voisines ; puis, remontant la pente opposée, elle s'empara d'une seconde colline, pour déborder encore de là dans un autre bas-fond et escalader une troisième éminence qui s'abaisse vers la Leith et la mer. La Leith est le nom de la rivière qui débouche dans le golfe à Édimbourg même.

La vieille ville, avec son écheveau de ruelles tortueuses, ses maisons à huit et à dix étages, ses édifices à tours rondes coiffées d'un toit pointu en forme d'éteignoir, est assurément la partie d'Édimbourg qui offre le plus de caractère. Le point culminant en est le Château, juché

ÉDIMBOURG.

à 100 mètres d'élévation sur un roc à pic où l'on n'accède que d'un seul côté, par une esplanade avec ponts-levis. Une rue pittoresque, bordée de hautes habitations à pignons, dont beaucoup sont des demeures historiques, mène de là au palais et à l'abbaye d'Holyrood, habités jadis par Marie Stuart.

Au-dessus du castel et de son parc, se dresse à plus de 250 mètres, la montagne granitique que l'on appelle le siège d'Arthur (*Arthur's seat*). Une belle route en lacet, qui passe près d'un lac, en facilite l'escalade au touriste. Ai-je besoin de rappeler que c'est dans cette poétique région que Walter Scott a placé les scènes principales d'un de ses romans? Du siège d'Arthur, mieux encore que du bastion du Roi situé sur la colline au-dessous, on domine magnifiquement Édimbourg. On plane littéralement sur ses massifs trébuchants d'édifices ; on contemple au travers d'une buée diaphane le vaste sillon intermédiaire où courent toutes les lignes de *railways* aboutissant à la ville ; on découvre au nord et à l'est le golfe de Forth tout entier, et la vue porte même, quand le temps est clair, jusqu'aux sommets, couronnés de dômes et de pyramides de granit, de la chaîne lointaine des Grampians.

La ville moderne, rattachée à l'autre par la terrasse colossale du Mound et par deux ponts, dont l'un supporte tout un quartier, est régulière, élégante, avec des rues symétriques et correctes. Là tout est coquetterie et luxe. C'est le quartier aristocratique, le centre des clubs, des hôtels, des théâtres. Constructions grecques, romaines, gothiques, fantaisistes, toutes les architectures, tous les styles s'y étalent fastueusement. La plus belle rue est celle des Princes. Longue d'un kilomètre et demi, elle offre cette particularité que, d'un côté, elle a pour bordure des maisons d'un aspect splendide, et de l'autre, une ligne de monuments et de jardins par-dessus lesquels on aperçoit, comme une sorte de décor de fond, la carcasse sombre de la vieille ville dominée par la terrasse du Château. Au bout de la rue — autre perspective saisissante, — se dresse le Calton Hill, colline abrupte, de 115 mètres environ de hauteur, qui forme la limite orientale de la ville, et qui a elle-même pour couronnement l'Observatoire et la colonne de Nelson.

Voyez encore : cette flèche gothique en marbre blanc, haute de 54 mètres, qui surmonte quatre arcades de même style, c'est le monument commémoratif de l'auteur de *Wawerley*. Un pont de la ville porte aussi, en l'honneur du grand romancier, ce même nom de *Wawerley*, et à l'angle de ce pont est la statue d'un autre Écossais illustre, David Livingstone. Plus loin, voici la place Waterloo — chaque ville du Royaume-Uni tient à honneur d'avoir la sienne, — puis la prison, contiguë au cimetière où repose David Hume. Quant à la vieille geôle dont parle Walter Scott, *le cœur de Midlothiam*, elle n'existe plus. Ne cherchez pas non plus ces immenses bouquets d'arbres séculaires qui faisaient jadis l'ornement d'Édimbourg ; ils ont disparu ; à leur place verdoient de simples squares, proprets et soigneusement tenus, comme doivent l'être des squares britanniques. Tels sont, par exemple, ceux entre lesquels court l'artère la plus centrale du quartier moderne, George-Street. Près de là une rue transversale, Castle-Street, est celle où habitait Walter Scott.

Des 153 églises, chapelles ou temples que renferme la ville, la plus remarquable est, ce me semble, Saint-Gilles, dans la rue Haute (High-Street), avec son admirable clocher en forme de couronne ; dans la même rue s'élève le Parliament House, transformé aujourd'hui en palais de justice, et qui est, avec la Bourse, sise dans la vieille ville, le principal édifice civil d'Édimbourg.

La capitale de l'Écosse n'est pas, en elle-même, un centre d'industrie et de trafic. C'est une cité de magistrats, de rentiers, de savants, qui se pique surtout de cultiver les sciences et les lettres. Elle est fière, à bon droit, de ses *revues*, de son personnel distingué et nombreux de professeurs, d'écrivains, d'avocats, de médecins. Elle a pris pour elle, de dessein préconçu, cette gloire éminemment calme et sereine, et elle a laissé à sa voisine de l'estuaire en aval les bruits et les tracas du négoce.

Cette voisine, c'est Leith, ville peuplée de près de 70 000 âmes, et qui est, en quelque façon, le faubourg maritime d'Édimbourg. De l'une à l'autre, la distance est de 2 milles ; aussi la route de tramways qui les relie n'est-elle qu'un chapelet continu de maisons. Ajoutons que Leith a pris à cœur, comme il le fallait, sa tâche mercantile et utilitaire. Elle a si bien travaillé pour son compte qu'elle est aujourd'hui le port le plus important de la côte orientale de l'Écosse, et le premier du pays après Glascow, avec lequel elle communique par le canal de navigation du Forth à la Clyde.

CHAPITRE III

De Copenhague à Saint-Pétersbourg par Stockholm.

I

En reprenant pied sur le continent, en deçà de la mer du Nord, nous rencontrons tout d'abord une capitale qui offre ceci de particulier, qu'elle semble excéder par son développement l'importance du royaume auquel elle commande, et compte, à elle seule, plus d'habitants (240 000) que toutes les autres cités du pays : c'est Copenhague, en danois, *Köjbenhawn*.

L'anomalie s'explique cependant par la situation même de la ville. Le détroit de l'Öre-Sund, sur lequel elle s'élève, n'est-il pas la vraie entrée de la Baltique? Bien plus que les deux Belt, où la navigation se trouve entravée par des écueils et des bancs de sable, ce couloir maritime n'est-il pas le prolongement direct du Kattégat et le chemin naturel de transit des denrées venant du nord-est de l'Europe ? Deux îles, Seeland (*Själland*) et Amager, servent d'assise à la métropole du Danemark, autant qu'on peut donner le nom d'assise à un sol de boues croulantes et fuyantes, conquis en partie sur les ondes par un système compliqué de remblais et accru d'îlots rattachés au rivage par des sutures opérées après coup. Car nous sommes toujours, ne l'oublions pas, dans cette région des « terres basses et creuses » qui commence, au sud, à la Hollande, et se continue par les « vasières » de la grande plaine germanique du nord.

Copenhague se compose de plusieurs parties, savoir, sur Seeland, la Vieille-Ville, la ville de Frédéric, les ex-faubourgs de Westerbro, Nörrebro et Österbro, aujourd'hui pièces intégrantes du massif urbain proprement dit, et Christianshafen, sur Amager. Amager possède encore une ceinture de fortifications; mais, des anciens remparts de Seeland, il ne subsiste plus que la citadelle; le reste a été converti en promenades. Disons tout de suite que le bras de mer qui sépare les deux îles constitue une rade particulièrement sûre, un havre excellent, que les chroniqueurs du treizième siècle appelaient *Portus mercatorum*.

Partout, même dans la Vieille-Ville, reconstruite à la suite du grand incendie de 1795, la ligne droite triomphe. Les rues, tirées au cordeau, n'ont pas en soi beaucoup de caractère; l'architecture des maisons, bâties en briques et en pierres badigeonnées de gris, paraît aussi uniforme et triste; çà et là, des tranchées de canaux donnent à la cité un aspect hollandais. L'attrait principal de l'Athènes du Nord, comme on appelle volontiers Copenhague, c'est la profusion de châteaux, de « résidences » aux proportions colossales qu'y ont érigés, aux temps prospères de la monarchie, alors que le drapeau rouge à croix blanche se promenait triomphalement sur les mers, des princes amis de la grandeur et du luxe. L'île de Seeland, à elle seule, n'en possède pas moins d'une douzaine. Dans la ville même, le palais royal de Christianborg, au devant duquel se dresse la statue de Frédéric VII, le souverain qui inaugura — c'était en 1848 — le régime constitutionnel en Danemark, est un édifice des plus imposants. L'Amalienborg, qui s'élève sur une place octogone près du port, est formé de quatre palais réunis.

Mais la perle de ces résidences, c'est encore Rosenborg, le Château des Roses, l'ex-Versailles de Christian IV, le Louis XIV du Danemark, le souverain qui, par sa vaste ambition et la multiplicité de ses projets, amena, au temps de la guerre de Trente Ans, le premier démembrement du royaume. Celui-là est tout un poème d'art et de magnificence. Figurez-vous un castel en briques rouges, flanqué de quatre tours noires et sveltes, enguirlandé de balcons à jour, qui niche mystérieusement dans les fourrés d'un parc touffu, aux allées sinueuses, plein d'eaux vives et de gazons lustrés, un véritable labyrinthe de charmilles, avec des arbres plusieurs fois centenaires. En ce castel sont accumulés

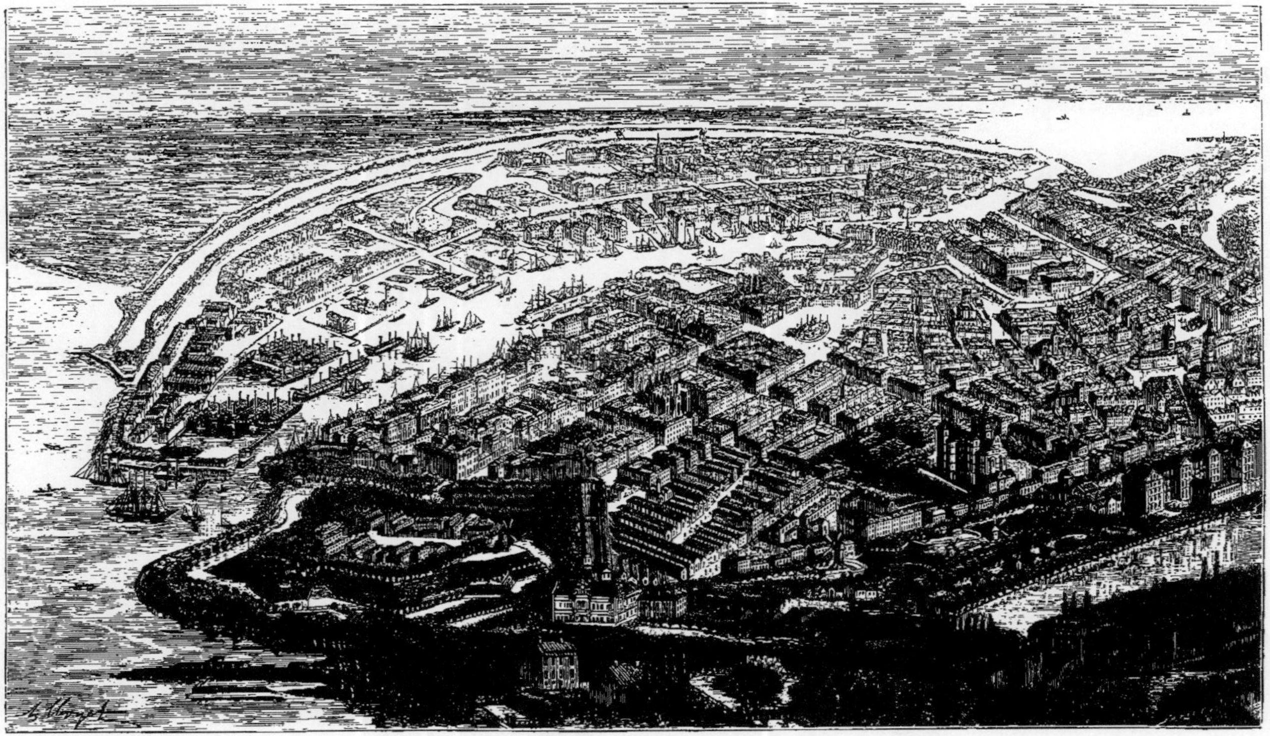

COPENHAGUE.

d'incomparables richesses artistiques et historiques, depuis les épées de Charles XII et de Gustave-Adolphe jusqu'aux carabines ciselées de Christian V et de Christian VI, et aux verreries de prix envoyées jadis par un doge de Venise au fastueux monarque Frédéric IV. Dans la salle dite du Couronnement, trois grands lions d'argent, symbole des trois détroits, le Sund, le Grand-Belt et le Petit-Belt, qui font au Danemark une barrière de vagues murmurantes, gardent le trône de cette dynastie d'Oldenbourg, héritière de Harald *à la dent bleue* et de Canut le Grand, dont le représentant actuel, Christian IX, s'intitule toujours, comme au siècle légendaire des *Skiolds*, roi des Vandales et des Goths, et qui règne à la fois sur les terres brûlantes de Saint-Thomas et des Antilles et sur les territoires glacés de l'Islande et du Grönland.

La plus belle rue de Copenhague est l'Amalienstrasse (rue Amélie); la plus animée est l'Österstrasse (rue de l'Est). La place qui offre le plus d'aspect, bien que la coupe n'en soit pas régulière, c'est le nouveau Marché-Royal (*Kongens Nytorv*), situé au centre de la ville. La cathédrale, *Frue Kirche* (église Notre-Dame), se recommande, surtout à l'intérieur, par les œuvres de Thorwaldsen, le fameux sculpteur danois qui a également décoré Christiansborg, et auquel ses compatriotes ont élevé un gigantesque sarcophage égyptien. La Bourse, monument du dix-huitième siècle à six pignons, dont le navigateur aperçoit de loin la haute flèche, l'Observatoire, qui date de 1637, sont deux morceaux d'architecture remarquables.

Séeland est le pays par excellence des grands bois sombres et solitaires. Là s'élèvent les forêts de hêtres les plus belles qu'il y ait en Europe. Par leurs enclos d'arbres fruitiers, les fermes rappellent celles de la Normandie; par la propreté luisante de leurs murs et de leurs fenêtres, elles rivalisent avec les maisons hollandaises. Bref, à part l'absolue platitude du sol, il est impossible de trouver une campagne plus gaie, plus variée de couleurs, plus fraîche, plus fleurie que cette île danoise, où abondent, par surcroît, les lacs et laquets. Aussi, dès les premiers beaux jours, les familles aristocratiques et les riches négociants s'enfuient-ils à l'envi vers les pavillons et villas de l'intérieur, ou vers les belles résidences qui essaiment sur les berges du Sund, large ici de 6 kilomètres environ. La cour, elle aussi, se retire dans les antiques manoirs de banlieue : c'est comme une migration en masse, en l'honneur de cette riante et fraîche nature, dont, après le dur hiver du Nord, l'homme de là-bas, plus que nous encore, apprécie le charme réconfortant.

II

Bien plus avant dans la « mer de l'Est », *Östsée,* comme les Allemands et les Scandinaves appellent ordinairement la Baltique, juste à l'endroit où sa nappe se ramifie en deux cornes, d'un côté le golfe de Bothnie, qui s'enfonce jusqu'au pays des Lapons, de l'autre la baie de Finlande, à l'extrémité de laquelle veille Saint-Pétersbourg, s'élève Stockholm, capitale de la Suède.

Les trois grandes cités scandinaves dessinent ainsi entre elles une sorte de triangle dont la ligne de base, tournée vers le pôle, suit à peu près le 60e degré de latitude, et dont la pointe est marquée au sud par Copenhague. Chacune d'elles en outre, par sa situation, commande un point stratégique du bassin. Copenhague, nous venons de le voir, en garde la principale porte d'accès; Christiania, au fond de son fiord, entre la Norwège et la Gothie, a barres sur le Skager-Rak, le premier de la série de couloirs maritimes par lesquels on pénètre dans le labyrinthe; Stockholm enfin, sise en deçà de l'île d'Aland, sur un vaste renflement de la côte, domine, outre la mer supérieure, toute la région déclive des plateaux et des lacs scandinaves.

Stockholm, avec ses 200 000 âmes et plus, n'est pas seulement la cité maîtresse de la grande péninsule extrême de l'Europe; c'est aussi une des belles villes du monde. De toutes celles où nous a conduits jusqu'ici notre voyage en zigzag dans les parages brumeux de l'Atlantique, c'est même de beaucoup la plus pittoresque. D'un côté, un lac immense, le Mälaren, de 90 kilomètres de longueur, de 1 200 environ de superficie, découpé d'anses innombrables, semé de mille trois cents îles et îlots, encadré d'une magique bordure de rochers, de montagnes, de forêts, de châteaux, et qui se compose de quatre biefs naturels s'étageant successivement de l'ouest à l'est comme les degrés d'un colossal escalier; de l'autre côté, un fiord également riche en îles, par lequel la splendide nappe d'eau s'épanche en un rapide courant dans le sein de la Baltique : tel est le site, presque sans pareil, de la métropole de la Suède.

Comme capitale, Stockholm a succédé à trois autres localités de la région, d'abord à Bjorkœ, la vieille cité d'Odin, située dans une île en plein lac, à 40 kilomètres plus à l'ouest, et qui n'est plus à présent qu'une nécropole; puis à deux autres villes encore existantes, Sigtuna et Upsal. Ce fut seulement au treizième siècle que le *jarl* norvégien Birger la fonda au débouché du Mälaren.

De ce Stockholm primitif, il reste, sur un petit groupe d'îlots entre le lac et la mer, le quartier aux rues étroites et irrégulières que l'on nomme *Staden*, la ville proprement dite. A sa partie nord se dresse sur une éminence le Château royal, de style italien, qui a remplacé l'antique résidence du *jarl*. Là aussi s'élèvent les principaux édifices : l'église cathédrale, dédiée à Saint-Nicolas, la Bourse, la Banque, la douane, l'hôtel de ville, le palais de la noblesse, le gymnase et le tribunal. Sur les places, les statues des Wasa. Mais, de ce centre que baignent de toutes parts les flots du détroit, et des quais duquel partent les bateaux à vapeur du Mälaren, Stockholm a débordé depuis longtemps sur tous les îlots d'alentour. Aujourd'hui la cité embrasse en eaux et en terres 6 kilomètres du nord au sud et 23 kilomètres de circonférence.

Au nord s'étend le vaste quartier de Norrmalm, rattaché à la pointe de Staden par un magnifique pont de 113 mètres de longueur. Avec ses rues droites, ses maisons monumentales, son énorme édifice de la gare centrale, c'est la ville de l'aristocratie et du luxe. Là est la belle place Gustave-Adolphe, le héros de la Suède au dix-septième siècle ; là s'élèvent le théâtre royal, le palais du prince-héritier, l'Académie des sciences, l'Observatoire et le parc Berzélius. Aux péninsules déchiquetées de ce fastueux faubourg s'amarrent par des ponts, ainsi que des barques aux flancs d'un vaisseau, tout un autre essaim d'îles et d'îlots : au sud et à l'est, Blasiiholm, Skeppsholm ou l'île aux Navires, avec ses chantiers et ses arsenaux, près desquels se tient la flotte de guerre ; Ladugardslandet, où sont de grandes casernes ; à l'ouest enfin, Kungsholm, l'île du Roi, séparée de Norrmalm par un bras du lac que franchissent deux ponts.

L'autre moitié de la ville, au-dessous de Riddarsholm (l'île des Chevaliers, le noyau primitif), est formée par le faubourg plébéien et bourgeois du sud qu'on appelle Södermalm. C'est la partie la plus vaste et aussi la plus chaotique de Stockholm.

Voulez-vous jouir maintenant du panorama de la cité insulaire : vous avez le choix des observatoires. Vous pouvez gravir la haute terrasse de Mosebacke qui fait face à l'île des Chevaliers, ou monter sur la tour de l'église Sainte-Catherine, ou vous poster, plus loin à l'ouest, sur la rive même du Mälaren.

La voici devant vous, l'étrange ville, avec ses places qui sont des lacs, ses rues qui sont des bras de mer, ses canaux, ses ponts, ses viaducs et ses môles joignant les îles entre elles ou à la terre ferme, ses grands quais fourmillants de monde, le long desquels s'amarrent, à toutes les criques, des navires arrivant de l'ouest et de l'est, de la Baltique et du Mälaren. Voici le bloc de granit quadrangulaire de son Palais royal peint en jaune comme les édifices de Saint-Pétersbourg; voici la masse rouge de sa vieille basilique projetant en l'air son dôme trapu entouré de flèches effilées; voici ses îlots pressés de maisons entre lesquels pointent des rochers gris, ses nuées mouvantes de barques, de steamers-omnibus, de canots multiformes, tournoyant, évoluant de tous côtés, à travers le lacis des lagunes, suivis de bandes de cygnes noirs et blancs.

Regardez, d'une part, le Mälaren, avec sa ceinture de forêts, de monts, de rochers, les plis et les replis de ses rivages, ses perspectives fuyant au loin et à l'infini; contemplez, d'autre part, la Baltique, qui ressemble elle-même à un lac, avec ses promontoires aux découpures fantastiques, ses baies où le flot s'attarde doucement : tous deux n'ont-ils point l'air de lutter à qui enchâssera le mieux de ses ondes la cité amphibie que vous avez sous les yeux?

Notez que, malgré le chômage hivernal occasionné ici par les glaces, le mouvement annuel du port représente, en entrées et sorties, un chiffre de plus de quarante mille navires, et que près de cent lignes de steamers, aux itinéraires distincts, ont leur point d'attache à Stockholm. N'oubliez pas non plus que la ville est reliée directement au Kattégat, à travers la péninsule du Gotland (Gothie), par un canal long de 80 lieues avec cinquante-huit écluses gigantesques et vingt-quatre tunnels, qui l'affranchit en partie du passage périlleux des détroits et sur lequel la navigation se fait au moyen de vapeurs et de yachts halés par des chevaux.

Une des curiosités de Stokholm, c'est, selon moi, le sillon de railway

STOCKHOLM.

qui permet d'en saisir au vol, d'une façon quasi féerique, les aspects morcelés. Entrant d'abord dans le faubourg du sud (Södermalm), il le traverse tour à tour par un pont de fer lancé au-dessus de trois rues, puis par un tunnel courbe, de plus de 400 mètres de longueur, creusé sous huit rues, et au sortir duquel il ne reparaît à la lumière que pour s'engouffrer derechef en terre. Il arrive ainsi au bras méridional du Mälaren, qu'il franchit par un pont de 227 mètres, et gagne ensuite la ville proprement dite, où il longe le port aux Grains du lac sur un viaduc de 118 mètres; puis, enjambant par un autre pont de 30 mètres de large, à deux voies latérales de piétons, le canal de Riddarsholm, il côtoie la rive orientale de cette île pour gagner un troisième bras du Mälaren et atteindre enfin le faubourg du Nord, qu'il traverse à plat jusqu'à la magnifique gare centrale.

Aux portes mêmes de la ville, par delà le pont de fer partant de l'extrémité sud-est de Ladugardslandet, se dresse un vaste décor silvestre, tout à fait digne du Septentrion : c'est le fameux parc du Djurgården, dont les Suédois sont fiers à bon droit. Un parc? non, une vraie forêt de 6 kilomètres de longueur avec des arbres âgés de trois cents ou de quatre cents ans, des rochers moussus, des allées torses et montueuses, des ressauts de terrain fantastiques; tout cela à l'état de nature sur les berges abruptes de la Baltique. Là s'élèvent le pavillon de Rosendal et la tour du Belvédère, d'où l'on voit à ses pieds le labyrinthe tout entier, les îles, la ville et la coupe du lac.

C'est le rendez-vous préféré de la population de Stockholm ; chaque soir, des flottilles d'embarcations y affluent. Au pied de la futaie, sur la rive, surgit, dans la belle saison, toute une ville de bois avec théâtres en plein air, baraques de saltimbanques, orchestres et lazzis de polichinelle ; au-dessus des terrasses qui dominent la baie, se dressent des pavillons multicolores et de tout style, cafés, restaurants et guinguettes. Cette cité foraine disparaît, il est vrai, quand Stockholm s'enveloppe pour six mois de sa fourrure de frimas ; mais, là où barques et canots ne peuvent plus circuler, les traîneaux, eux, savent toujours se mouvoir, et les traîneaux s'en donnent à cœur joie, car la vieille forêt, avec ses bosquets tout couverts de neige et ses rigides pendentifs de glace qui figurent les plus merveilleuses stalactites, n'est guère moins belle l'hiver que l'été.

III

Non loin de Stockholm s'élève une autre grande capitale posée au fond du golfe de Finlande comme une perpétuelle menace à la Suède, vaincue et démembrée par les tzars : c'est Saint-Pétersbourg.

Ce qu'il faut voir d'abord à Saint-Pétersbourg, c'est la Néva. Un bien petit fleuve, eu égard à son cours, lequel n'excède pas 58 kilomètres; mais un des plus importants de l'Europe, si l'on considère son immense débit d'ondes et l'ampleur majestueuse de sa nappe, qui atteint jusqu'à 1 300 mètres.

Le lac Ladoga, d'où il sort, a lui-même une superficie plus que triple de celle du Léman; plus de soixante-dix rivières l'alimentent, et font de lui le déversoir commun des autres grandes coupes lacustres sises au nord et au sud de la sienne. L'un des cours d'eau, qui vient de Novgorod, ne mesure pas moins de 500 mètres de largeur. Arrivée près de la baie finnoise, la Néva se partage en plusieurs bras qui entourent trois îles, Petrovsky au nord, Vasilevsky, la plus grande, au milieu, et Goutouyevsky, au sud, la plus petite ; de plus, en face de l'embouchure, émerge au large une quatrième île de 15 kilomètres carrés environ : c'est Kotlin.

Une citadelle sur une des îles, à côté, sur la terre ferme, — si l'on peut donner ce nom au marais mouvant qui constituait primitivement le sol, — la maison bâtie en 1703 par Pierre Romanof: telle est l'origine d'une des plus belles et plus puissantes métropoles du monde, la « Palmyre du Nord », comme l'appellent les Russes.

Saint-Pétersbourg en Ingrie représente, on le sait, chronologiquement, la quatrième capitale de l'État russe. La première, berceau de la dynastie des Varègues, avait été Novgorod-la-Grande, également située dans la Grande-Russie, à la rive nord du lac Ilmen; la seconde avait été Kiev, sur le fleuve sacré du Dniéper (ancien Borysthènes), dans la Petite-Russie ou Ukraine; c'était la ville de Iaroslav le Grand, le Charlemagne russe du douzième siècle, et aujourd'hui encore elle est restée sainte ; trois cent mille pèlerins la visitent annuellement. La troisième enfin, c'est Moscou. Fondée au dixième siècle, celle-ci fut la résidence des khans mongols, le siège d'Ivan le Grand, puis celui d'Ivan le Terrible, qui le premier prit le titre de tzar. Elle aussi, elle est demeurée sacro-sainte : c'est la cité du couronnement. Toutes cependant n'étaient que des capitales provisoires. Le rêve des potentats slaves, du jour où, avec Rurik, ils commencèrent à jouer un rôle dans l'histoire, fut de trôner à Byzance, Tsargrad ou Nriklagard, « la ville des villes », comme on l'appelait. Mais tous échouèrent dans ce projet, et finalement, la Russie du Nord, ou des Forêts, après avoir écrasé la Russie du Sud, ou des Steppes, dut se contenter jusqu'à nouvel ordre de s'ouvrir, par la prise d'Azof, « une fenêtre sur la mer Noire ». En notre temps, les tzars se sont lancés dans une autre direction. Arrêtés dans leur marche vers la Corne-d'Or, ils ont contourné à l'est, par la conquête du Caucase et de la Géorgie, le vieux Pont-Euxin devenu un lac russe, et ont poussé leurs voies stratégiques, par delà l'Oxus, jusqu'au Turkestan.

Malgré son nom primitif et hollandais de *Piterburg*, changé ensuite en Pétersbourg — les paysans russes, par abréviation, continuent encore de l'appeler *Piter*, — la métropole de l'empire des tzars est une ville essentiellement orientale, comparée aux autres capitales de l'Europe. Sa naissance tardive, les circonstances de son érection expliquent l'aisance de ses formes et sa magnificence architecturale.

A une époque où la plupart des grandes cités de l'Occident, déjà vieilles par rapport à elle, n'offraient encore qu'un ensemble sordide et irrégulier, elle est sortie subitement de terre, pareille à ces constructions féeriques qu'évoquent les magiciens dans les contes, et le coup de baguette qui l'a fait surgir lui a valu aussi, dès la première heure, une largeur de dessin, une correction de lignes, une netteté de plan, que ses vénérables devancières n'ont pu acquérir en partie qu'à la longue, à force de retouches et de redressements.

Quatre années durant, de 1712 à 1716, plus de cent cinquante mille ouvriers, transplantés dans les marais de la Néva, travaillèrent, ainsi que des forçats, à l'édification de la ville nouvelle. Aussi l'étranger qui l'aborde par le chemin de fer remarque-t-il une chose tout d'abord, c'est le caractère d'ampleur et presque de luxe des premières maisons qui succèdent aux champs légumiers de la banlieue, et dont l'aspect s'harmonise bien avec cette grandiose perspective de tours et de coupoles, dominées par le dôme de Saint-Isaac, dont il a également la vision au sortir de la plaine nue et tourbeuse. Oui, au lieu de s'annoncer par des faubourgs misérables et humbles, Saint-Pétersbourg s'offre tout de suite avec des proportions et des allures monumentales, qui dénoncent à elles seules le secret de son origine, et par lesquelles elle semble vous dire : Souvenez-vous que je suis la capitale de l'empire le plus vaste du globe, la métropole du pays qui compte le plus de régiments, qui possède les plus grandes plaines, les plus grandes forêts, les plus hautes montagnes de tout l'hémisphère, la ville éprise d'espace d'où partent les plus longues routes, les plus longs chemins de fer, d'où l'on roule en wagon jusqu'à Samarkande, la cité légendaire, en attendant que le Transsibérien, dont la ligne est dès maintenant à l'étude, aille sceller deux heurtoirs d'arrêt à 8 000 kilomètres de la Néva, sur les rives de l'océan Pacifique.

Du centre choisi par Pierre le Grand rayonnent de larges artères, divergeant par-dessus les canaux et les bras du fleuve. Sur la fameuse perspective Nevsky, qui a près de 40 mètres de large et qui court sur 6 kilomètres de longueur jusqu'à la gare du chemin de fer de Moscou, dix files de voitures peuvent rouler côte à côte, et il y a encore place pour une ligne de tramway et pour deux de ces vastes trottoirs de granit qui sillonnent la ville en ses derniers recoins. Si toutes les rues n'ont pas l'ampleur de cette voie maîtresse, toutes cependant surpassent en moyenne par le développement de leur arène nos plus larges rues d'Occident.

Le quartier où confluent toutes ces grandes artères est aussi celui où se dressent les plus monumentales créations, les résidences impériales, l'état-major, le Sénat, l'église principale, le palais d'hiver, l'Ermitage. Et tout, dans la ville des tzars, est frappé à cette effigie. Partout où peut aller la petite *droschka* avec son cocher flegmatique et barbu, les coudes étroitements serrés au côté, vous rencontrez les mêmes aspects magnifiques et grandioses ; partout vous voyez se dresser, flanquées souvent de superbes jardins, d'immenses façades en pierres de taille. Où trouver un alignement de palais comme ceux qui forment la bordure de ce canal Fontanka, où habite de préférence la vieille aristocratie? Le Paris nouveau de Napoléon III et de la république ne se peut comparer à cette ville de marbre et de granit. Aussi un Russe a-t-il osé dire que si jamais de nouveaux Barbares fondaient sur l'Europe et mettaient à sac les capitales, comme du temps d'Alaric et d'Attila, ce seraient les ruines de Saint-Pétersbourg qui offriraient aux archéologues futurs le plus beau champ d'admiration et de butin. Les innombrables statues, les colonnes monolithes, les temples, les monuments de bronze et d'airain qui remplissent les places, les œuvres d'art, sphynx, antiquités de l'Orient, vases de malachite, de marbre, de lapis-lazzuli, qui sont de toutes parts disséminés dans les vestibules des maisons, dans les châteaux, dans les jardins publics ou privés, les coupoles étincelantes, vertes, bleues, dorées, semées d'étoiles comme la voûte du ciel, seraient tout un poème d'exhumation qui déçoit d'avance la pensée.

Il est vrai que dans cet ensemble imposant, bien des disparates surprennent et choquent l'œil. Il y a souvent surcharge d'ornements, défaut d'appropriation dans le détail, imitation intempérante des diverses architectures antérieures ; malgré tout cependant, on admire. Les églises grecques sont de vraies merveilles pour l'éclat et le prix des matériaux. Le portail de Saint-Isaac est, il faut le reconnaître, une copie très heureuse du portique du Panthéon d'Agrippa. Et quel luxe de décoration aux façades ! Je citais plus haut l'Ermitage, qui attient au Palais d'hiver, et qui, sous Catherine-la-Grande, était une habitation impériale. Entrez dans cet édifice, transformé aujourd'hui en un temple de l'art ; vous vous croirez dans un musée d'Italie. Cinquante salles ou cabinets, que je n'ai point le temps de vous faire visiter, y regorgent de chefs-d'œuvre de toute sorte, sculptures, peintures et camées.

Nulle autre cité du continent ne possède non plus des plantations d'arbres aussi nombreuses ; dans tous les quartiers verdoient d'immenses squares avec pavillons élégants, locaux de rafraîchissement, orchestres et jeux. En revanche, peu ou point de fontaines. Peut-être a-t-on cru que l'onde de la Néva arrivait suffisamment filtrée du grand bassin naturel du lac Ladoga, récipient de toutes les eaux du pays. Puis l'été, à Saint-Pétersbourg, est si court ! A quoi bon des cascades jaillissantes sur les places ? Les places pourtant, faute de ce décor, ont un air de tristesse aux yeux de l'étranger. Par contre, on n'a rien omis pour se défendre le mieux possible des terribles froids de la région. Quand la Néva gelée représente une nouvelle perspective Nevsky, et que, pour bénir la rivière vénérée, on en brise la glace en grande pompe, quand, malgré pelisses et bonnets fourrés, l'haleine de chacun se condense à l'air et agrémente les mentons et les barbes de mille cristaux aux reliefs acutangles, c'est alors que çà et là, dans les rues, surgissent les hauts cylindres de métal, dont le foyer ouvert, entouré de grilles basses, ragaillardit les mortels au passage. Alors aussi, dans les intérieurs, s'allume, pour ne plus s'éteindre de l'hiver, le poêle gigantesque aux tuyaux ingénieusement ramifiés et tordus, qui répand sa chaleur toujours égale dans les moindres recoins de l'habitation. Le bois, à vil prix dans le pays, permet de nourrir le monstre à sa faim. Saint-Pétersbourg n'a-t-elle point près d'elle les immenses forêts de la *Polessia?* N'est-elle point la glorieuse souveraine des districts où jadis « l'écureuil pouvait aller, en sautant d'arbre en arbre, jusqu'en Finlande, sans poser le pied par terre » ?

Avec toute sa magnificence cependant, la cité des tzars serait, je le crains, une ville monotone, n'était la Néva. Elle a, au demeurant, trop de *perspectives*, trop d'envergures grandioses, trop de façades aux emmanchements gigantesques : mais, je le répète, elle a la Néva. Allez, le soir, quand le soleil se couche dans la baie finnoise, flâner sur un des cent cinquante ponts qui enjambent majestueusement le fleuve ainsi que son delta terminal, et dont l'un, le pont Alexandre, mesure 405 mètres de largeur : quelle vue admirable sur le semis entier des îles et îlots, sur les bras ramifiés de la rivière le long desquels la cité se déploie presque en éventail ! La masse de l'Amirauté avec sa tour dorée, la cathédrale de Saint-Isaac, resplendissante d'or et de malachite, le vaste Palais d'hiver, avec sa longue façade sculptée, forment les décors principaux de ce qu'on appelle la Grande-Néva. Sur l'îlot de fondation, qui a gardé son nom officiel de Pétersbourg, se dresse, sévère et farouche, la citadelle de Pierre le Grand avec la tour svelte et aiguë de la première église. Au large apparaît l'île Kotlin, terminée à l'est par le port militaire de Cronstadt et au sud par le port de Cronslot : passe formidable, où six cents canons peuvent croiser leurs feux. En amont, par delà les chantiers, les fabriques, les massifs de maisons, une épaisse forêt couvre encore les îles les plus éloignées; mais, demain peut-être, la hache du bûcheron y viendra pratiquer de larges abatis pour la création de quartiers nouveaux du côté de la terre ferme ; car la ville, qui embrasse déjà plus de 100 kilomètres carrés et compte un

SAINT-PÉTERSBOURG.

million d'habitants, s'étend de plus en plus, projetant autour d'elle des faubourgs usiniers ou de plaisance qui se prolongent au loin dans les dépressions latérales du fleuve.

Ses environs, à la vérité, manquent de charme. La tourbière, le marécage, la futaie sombre, la plaine unie à perte de vue, voilà la banlieue de Saint-Pétersbourg. L'unique décor de cette région plate et monotone, ce sont les châteaux princiers et les parcs. Et ceux-ci sont d'autant plus nombreux que chaque souverain a cru devoir en créer un nouveau. Autour d'eux se groupent généralement des villas bourgeoises, que des chemins commodes relient à la ville. La principale de ces résidences d'été, c'est Péterhof. sis sur la rive sud du golfe, à mi-route à peu près de Kotlin, sur une petite éminence de 60 pieds de haut qui fait ici l'effet d'une montagne. Ce n'était, à l'origine, qu'une simple maisonnette d'où Pierre le Grand surveillait la construction de sa flotte; plus tard on l'a transformée en un vaste castel à coupole.

A l'ouest du chemin de fer de Moscou, à égale distance à peu près de ce railway et de celui de Varsovie par Gatchina, s'élève, à 25 kilomètres au sud de la ville, un autre manoir princier, Zarskoé-Selo, le « village impérial ». C'est le Versailles russe. Élisabeth, la fille de Pierre le Grand, l'a construit. Là, entre la gare et le manoir, se trouve une des colonies d'été des Pétersbourgeois; elle ne se compose que de maisons de bois ; mais, grâce à l'abondance des matériaux, la fantaisie des constructeurs s'y est donné carrière à son gré. Un troisième château enfin, c'est Paulovsk, qui, un peu plus loin vers le sud, s'entoure d'un parc gigantesque, décoré de ruines artificielles, d'ædicules grecs, de maisons moyen âge, d'acqueducs minables, de ponts rompus, le tout recouvert de mousse, treillissé de plantes grimpantes, avec un réseau à l'avenant de sentiers et de routes pittoresques tracés à travers la grande futaie noire.

CHAPITRE IV

De Moscou à Berlin par Vienne.

I

A 685 kilomètres de Saint-Pétersbourg par l'ex-route postale, — 650 par le chemin de fer, — au sud de ce plateau de Valdaï où le Volga prend sa source et dont l'altitude maximum mesure 351 mètres, se trouve la seconde capitale des tzars, le grand *emporium* de l'Empire, centre des chemins de fer russes et principale étape du trafic entre l'Asie et l'Europe : c'est Moscou ou Moskva, la ville « mère » comme l'appelle le peuple de la Grande Russie.

Par la rivière qui l'arrose, comme par le nœud orographique qui la sépare de Saint-Pétersbourg, Moscou appartient, non plus à cette mer Baltique dont nous venons d'explorer les dédales, mais à une autre mer plus lointaine, à ce vaste bassin de la Caspienne dont la partie sud, jusqu'à ce jour du moins, est demeurée persique. Le voyageur qui l'aperçoit de loin, au milieu de sa plaine marécageuse, ne discerne d'elle qu'un immense fouillis d'arbres d'où pointent les clochers à dômes de ses trois cent soixante églises dominées par la masse étrange du Kremlin. Y entre-t-il, il lui faut tout d'abord, s'il ne veut pas être injuste pour la ville Sainte du Couronnement, oublier les splendides perspectives de la cité de la Néva.

Bien qu'elle occupe une superficie à peu près égale à celle de Paris, Moscou, prise dans son ensemble, n'offre pas l'aspect imposant ni l'homogénéité grandiose de décor qu'on pourrait attendre d'une capitale dont le mouvement d'industrie et d'affaires embrasse le vieux continent tout entier, de Téhéran et de Pékin à Vienne, à Bordeaux, à Hambourg et à Londres. Un gigantesque village, ou plutôt, un amas de villes et de villages juxtaposés sans nulle ordonnance, voilà la première impression qu'elle produit. D'un lacis de ruelles tortueuses aux maisons basses et minables, on débouche soudain dans une large artère bordée de constructions somptueuses et de magasins aux glaces étince-

LE KREMLIN, A MOSCOU.

lantes; puis, aux files de maisons, succèdent des aires vagues et mal nivelées, des morceaux de bois ou de buissons, des champs même, s'interpolant, avec des façons de camps tatares, entre les quartiers les plus populeux.

C'est que, à la différence de Saint-Pétersbourg, sortie toute flambant neuve du cerveau d'un homme, à la différence même de Kiev, à laquelle les princes Varègues, et principalement Iaroslav le Grand, s'occupèrent de donner de bonne heure le caractère d'une capitale officielle, Moscou ne fut originairement qu'un assemblage de « résidences » et de « parcs » seigneuriaux autour desquels se groupaient d'humbles cabanes de serfs. Elle s'est ainsi formée peu à peu de pièces et de morceaux mal soudés, et, quoiqu'elle ait brûlé plusieurs fois, toujours, après chaque incendie, elle s'est relevée sans règle ni devis. Seul, le cours sinueux de la Moskva, avec ses berges affaissées en pentes douces, le long desquelles le sol très inégal du *thalweg* figure des soubresauts capricieux, marque, avec la hauteur du Kremlin, le site générique de la ville; et comme, en dépit du manque de plan et des divers espaces restés vides, le gros des constructions ultérieures s'est disposé concentriquement autour du petit noyau primitif, il en résulte qu'on peut néanmoins saisir le dessin composite de l'ensemble.

C'est sur la rive nord du fleuve, à l'endroit où un de ses méandres contourne une île de forme oblongue, que s'élève le quartier central, *Kitaï-Gorod*, la « ville du refuge » ou « du négoce », ainsi qu'on l'appelle. Là aussi est le Kremlin, qui enveloppe de son enceinte triangulaire et dentée le plateau entier de la colline. Avant de reprendre, plus loin, sa direction primitive vers le sud, la Moskva, large ici à peu près comme la Seine à Paris, dessine sous un des côtés du Kremlin un respectueux repli en fer à cheval, et son vaste miroir reluit à travers la file des maisons bariolées. C'est du pont, au bas de la colline, ou de la rive opposée du fleuve, que la vieille citadelle du Couronnement apparaît dans son incomparable beauté.

Décrirai-je ici, après tant d'autres, ce merveilleux entassement de palais, de monastères, d'églises, de casernes, avec leur architecture fantaisiste qui tient à la fois du style byzantin, du gothique, de l'arabe, du chinois, et qui pourtant, dans sa féerie et sa magnificence orientales, représente un art *sui generis,* l'art russe, ou plutôt moscovite? Coupoles dorées, clochetons bulbeux, flèches côtelées, écaillées, ajourées, calottes d'azur ou de laiton, lanternes pailletées, campaniles de toute forme et de toute couleur, minarets moresques, toits fantastiques aux reflets de saphir et d'émeraude, aux étincellements de cuivre ou d'argent, tous les modes de coiffures imaginables au-dessus des pans et des reliefs les plus bizarres que l'on puisse rêver : tel se présente au regard fasciné, avec son rempart flanqué de tours, cette sorte d'Alhambra du septentrion, autour duquel plane sans cesse le corbeau croassant, hôte d'élection de la vieille cité.

Ce n'est que tête nue et en se signant que le Russe franchit la porte sacro-sainte, surmontée de l'image miraculeuse du grand patron de l'Église grecque, qui mène à l'esplanade du Kremlin. Le cocher lui-même descend du siège de sa *droschka* pour s'agenouiller sous son arc gothique. Là, en effet, se dressent, entre autres édifices religieux, la fameuse Ouspenski Sobor (église de l'Assomption) toute brillante au dedans d'or et de peintures, et où se fait le couronnement des empereurs; la cathédrale Saint-Michel, celle de l'Annonciation, à neuf coupoles dorées; Saint-Nicolas, dont le campanile a 81 mètres de haut; puis l'ancien beffroi de Novgorod-la-Grande, un gros bourdon qu'on ne sonne que trois fois l'an, auprès duquel celui de Paris n'est qu'un simple grelot, et à terre, sur un piédestal, une cloche plus grosse encore, pesant 200 000 kilogrammes. A deux reprises, au dix-huitième siècle, cette dernière est tombée de la grande tour. La première fois, on l'a relevée; la deuxième, on a renoncé à le faire. Elle gît maintenant silencieuse et inerte au pied de son clocher, symbole de la gloire passée de Moscou, et jamais plus, de sa voix formidable, elle ne donnera, au travers des airs, la réplique à ses sœurs d'Erfurth et de Rouen.

Ajoutez à cette série de basiliques, des monastères tels que celui des Miracles, des palais tels que celui des Patriarches, avec sa précieuse bibliothèque, celui d'Alexandre, avec ses salles toutes flamboyantes d'or, d'argent, de pierreries, de diamants, le Trésor, et, en face de celui-ci, l'Arsenal de Pierre le Grand, avec ses centaines de canons-trophées. Des jardins et des promenades complètent à l'ouest ce splendide ensemble.

A ce quartier central du Kremlin attient, mais à distance respectueuse, la *cité* de Moscou. Là sont presque tous les établissements scientifiques, l'Université, le Musée. Les rues, dans cette partie de la ville, sont assez étroites; les boutiques se pressent contre les boutiques. Sur une place plus large s'élève la Bourse; tout à côté s'ouvrent les bazars, bâtis en bois comme le sont les constructions du même genre à Constantinople, à Smyrne, et ailleurs.

Autour de Kitaï-Gorod se développe un second quartier plus vaste, B'eliy-Gorod, la « ville blanche ». Ensuite vient, sur la rive gauche, un demi-cercle de boulevards-promenades. Est-ce la ceinture extrême de Moscou? Nullement. Souvenez-vous de ce que je vous ai dit. Au delà de cette avenue, voici de nouvelles rues, larges et animées : c'est la « ville de terre », le quartier des artisans et des pauvres. Puis, derechef, autour de celle-ci, se recourbe un spacieux boulevard bordé de plantations et de jardins, dont le circuit de 16 kilomètres se continue sur la rive opposée de la Moskva. Cette fois peut-être nous sommes au bout? Pas encore. Par delà cette route circulaire s'étendent les faubourgs, entourés eux-mêmes d'une enceinte flanquée de tours, le long de laquelle apparaissent çà et là des amorces de nouveaux boulevards. Et ces faubourgs de Moscou, c'est la vraie ville industrielle, le quartier sans cesse bruissant des travailleurs et des machines. Là sont les filatures, les tanneries, les distilleries, qui débordent aussi sur les villages environnants, parmi les massifs d'arbres d'où pointent les cheminées des fabriques. C'est ce labeur, c'est ce trafic, qui nécessitent à Moscou la présence de trente consuls étrangers.

Plus loin enfin, le long des routes, s'aligne la traînée des auberges, des débits de thé et d'eau-de-vie ; puis, au milieu de la plaine fastidieuse, se montrent un champ de manœuvres, un amphithéâtre de bois colossal qui sert aux fêtes populaires, et les vastes halliers du château de Petrovski. Un autre fourré, au nord-est, c'est le fameux parc des Fauconniers, reste des anciennes forêts du pays. Bien qu'elle soit, je l'ai dit, aussi grande que Paris, la cité ne compte pourtant que 800 000 âmes.

Somme toute, l'aspect général de Moscou présente à l'œil quelque chose d'étrange; la ville porte le cachet russe pur. Toutes les formes d'architecture s'y coudoient en un pêle-mêle insensé. Au castel Renaissance bâti à grands frais par le riche boyard s'appuyent sans transition de misérables cabanes de bois. Ce n'est ni beau ni conforme au goût; mais c'est pittoresque au plus haut degré. La caractéristique de la ville, ce sont cependant, avant tout, ses innombrables églises, la plupart à coupoles vert clair, ou dorées à l'instar de Sainte-Sophie de Byzance, la basilique mère. Quelques-unes, — ce sont les vieilles, — bâties simplement en argile ou en bois, offrent des détails architectoniques et de naïves fantaisies de décoration qui montrent le goût enfantin du peuple. A une disparate incroyable de formes se joint une débauche de couleurs inouïe; le vert, le rose, le bleu, le jaune et le noir, tous les enduits imaginables plaquent au dehors et au dedans ces sanctuaires vénérés de l'orthodoxie.

MOSCOU.

Cette diversité singulière n'apparaît-elle pas comme l'image de la Russie même, le pays de l'Europe où les races humaines, mêlées et superposées sans relâche par le courant des invasions séculaires, composent finalement la tassée d'alluvions la plus confuse et la plus épaisse qu'il soit possible de concevoir? Avant de quitter Moscou la Sainte, jetez un coup d'œil à ce musée Dachkof, inauguré il y a une vingtaine d'années, et qui nous offre, à l'aide d'un ensemble de figures en relief, une sorte de résumé scientifique des multiples populations de l'Empire. Là, des mannequins de grandeur naturelle, des personnages sculptés en cire sur les moulages les plus exacts, constituent comme la carte animée de tous les types et de tous les costumes. Depuis le Samoyède et le Lapon jusqu'au moujik d'Esthonie et de Finlande, depuis le Tatar de Kazan, au galbe déjà oriental, jusqu'au Grand-Russe et au Petit-Russe avec leur accoutrement régional, depuis le Polonais de l'ouest jusqu'au Moldave du midi et au Kirghis des steppes asiatiques, toutes les variétés de peuples et de hordes ont leur place dans cette assemblée muette, qui parle cependant par ses attributs. Les Caucasiens, ces derniers venus dans la gigantesque agglomération, l'Arménien des hauts plateaux de l'extrême sud, le Guèbre de Bakou enfin, adorateur du feu sacré, complètent à souhait, pour la joie et l'instruction de l'étranger, ce pêle-mêle ethnographique sans pareil.

Là-dessus disons adieu au monde slave et transportons-nous, par delà les Carpathes, jusqu'à la vieille capitale de l'Autriche.

II

Vienne, en allemand *Wien*, en madgyar *Bécs*, en bohême *Vjden*, est située au cœur même de l'Europe, juste au carrefour de croisement des routes qui relient l'Adriatique à la mer du Nord et la mer Noire à l'Atlantique. Le Danube, le plus grand cours d'eau de l'Occident après le Volga, entre, on le sait, en Autriche à Passau; puis, au sortir des escarpements du Bisamberg et du Wiener-Wald, il débouche dans la plaine de Vienne par une brusque inflexion au sud-est, pour y décrire, sous la ville même, mille contours capricieux enlaçant un semis d'îles et d'îlots. Cette vaste plaine du Marchfeld, que sillonnent les railways de

Pesth et de Cracovie, est une des grandes lices guerrières de l'histoire. Là eurent lieu les luttes des Romains et des Marcomans, celles de Charlemagne et des Avares; là fut le théâtre des combats des Allemands contre les Madgyars et les Mongols, des Allemands encore et des Polonais contre les Turcs, et, plus récemment, de l'archiduc Charles contre les armées de Napoléon Ier. Cette île qui émerge là-bas des méandres du fleuve, c'est Lob-Au, la « prairie de Lob »; à côté est l'épique champ de bataille marqué par les deux villages d'Aspern et d'Essling. Au delà, en s'éloignant de la rivière, s'étendent les plaines à perte de vue au milieu desquelles est Wagram.

En amont, sur la rive droite, immédiatement au bord du Danube, se dressent les deux sommets jumeaux du Kahlenberg (430 mètres) et du Leopoldsberg, où campa en 1683 l'armée auxiliaire de Sobieski. Au pied de ces hauteurs commence le nouveau lit fluvial (*Regulirte Donau*) qu'on a creusé au Danube rectifié. Il s'étend en droite ligne jusqu'à l'extrémité de la ville, entre le bras méridional du Mühlenwasser à gauche, et le canal qui se détache de la branche principale du cours d'eau à Nussdorf, à l'entrée nord de Vienne, pour la rejoindre à Ebersdorf, juste en face de l'île Lobau, après avoir reçu à mi-chemin l'afflux de la petite rivière la Wien.

C'est sur ce canal, et non sur le fleuve même, qu'est située presque entièrement la capitale de l'Austro-Hongrie, la métropole de cet étrange empire-royaume, assemblage polyglotte et bariolé de territoires, de nations et de races juxtaposées, mais non fondues, sous une dynastie commune. Seul, le faubourg Leopoldstadt, avec les parcs du Prater et de l'Augarten, se trouvent dans l'île artificielle formée par le susdit canal et le bras régularisé auquel viennent se souder les autres tronçons méandriques du Danube.

« Il n'y a qu'une Vienne », disait-on déjà il y a trente ans, alors que la ville était encore resserrée dans l'étroite enceinte à fossés et bastions qui est la Cité. Qu'est-ce donc aujourd'hui que les vieux et moroses remparts ont été abattus pour faire place à de larges et splendides boulevards demi-circulaires (*Ring*), ornés de palais et de maisons grandioses, de jardins, de monuments commémoratifs, et que des voies de même ampleur relient de toutes parts aux anciens faubourgs conduisant aux gares de chemins de fer, ainsi qu'aux quais

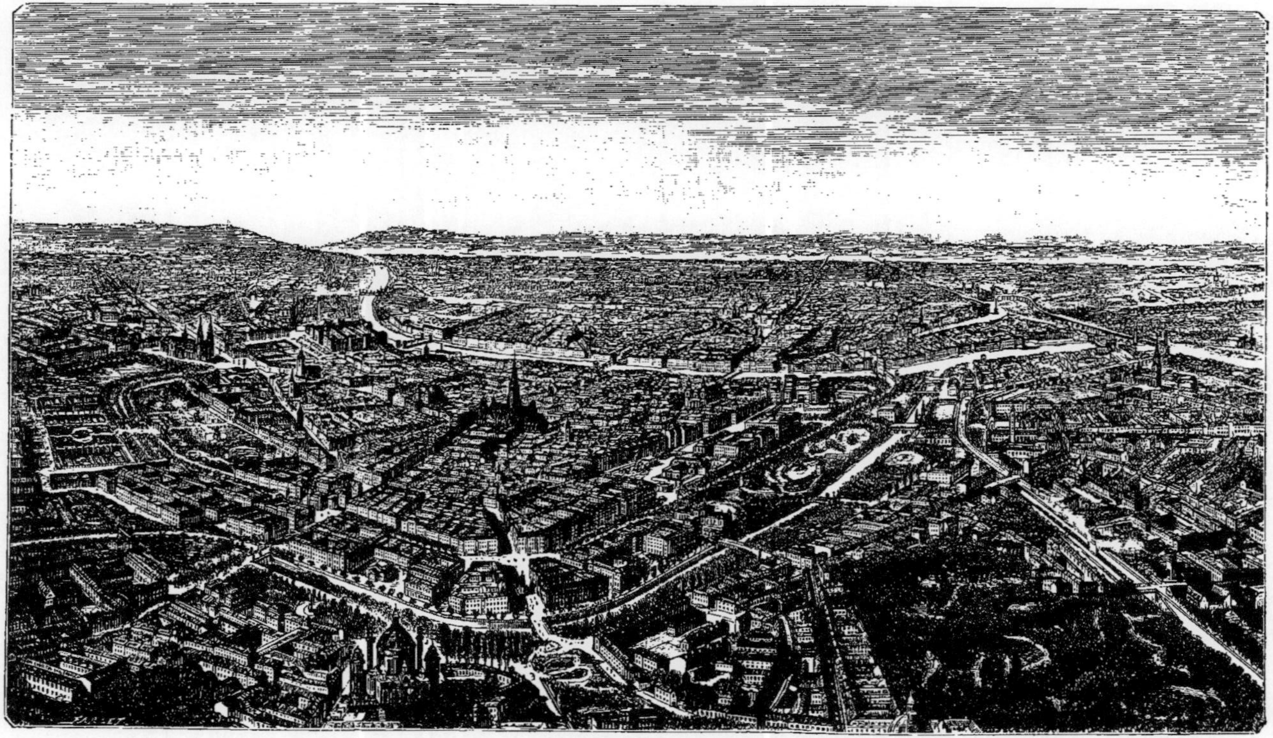

VIENNE.

en bordure le long du canal? Toutes ces voies représentent comme « les secteurs d'un immense planisphère » dont la circonférence va sans cesse s'étendant, mais dont le noyau, heureusement, demeure immuable.

Ce noyau, c'est la « ville intérieure » (*Innere Stadt*), enfermée dans l'arc de cercle du Ring.

Bien qu'elle ait gardé son caractère typique d'autrefois, ses rues étroites et tortueuses, presque sans trottoirs, ses hautes et vastes maisons à cours (*Hœfe*), auprès desquelles les énormes *mas* du vieux Genève ne sont que de simplicissimes demeures, la Cité viennoise est restée néanmoins, fait unique peut-être en Europe, le centre de l'élégance et du luxe, le séjour aimé de l'aristocratie. Là, se trouvent non seulement les palais impériaux, mais aussi les grandes administrations publiques, la banque, la plupart des collections d'art et de science. Il n'en a pas été à Vienne comme à Paris ou à Londres; les hâtifs agrandissements de la ville, qui compte actuellement plus de 1 100 000 habitants, n'en ont pas modifié le plan primitif. Tout, aujourd'hui comme auparavant, continue de rayonner autour de la haute flèche de la cathédrale dédiée à saint Étienne le Convertisseur et de ces deux points historiques, le Graben et le Kohlenmarkt.

La cathédrale de Saint-Étienne, *Stephansdom*, est, le rappellerai-je? un vrai joyau, un des trésors d'art gothique de l'Allemagne. De ses deux tours, l'une, celle du sud, terminée en pyramide, a 136 mètres de hauteur; l'autre, inachevée, la tour du Nord, a 64 mètres. C'est de la plate-forme de cette dernière que les sentinelles guettaient jadis l'approche redoutée des soldats de l'Islam. Entre la place où elle s'élève et le Graben s'intercale le *Stock im Eisenplatz*, carrefour ainsi appelé d'un morceau de bois entièrement recouvert de clous et attaché au mur d'une maison à l'aide d'un anneau de fer et d'un cadenas que la légende dit avoir été rivés par Satan. On prétend que cette vénérable souche est le dernier arbre de la « forêt de Vienne ».

A côté de cette petite place, qui était, au treizième siècle, un marché aux chevaux, se trouve le Graben, un ancien cimetière. Malgré l'ouverture de la Ringstrasse, c'est toujours un des lieux les plus animés de la ville, avec ses magasins éblouissants, ses cafés splendides, ses belles maisons dont plusieurs sont célèbres; du matin au soir, la foule des promeneurs s'y presse. Il en est de même du Kohlenmarkt, un ancien marché à charbon, comme l'indique son nom, transformé depuis longtemps en une rue des plus fashionables.

Le Kohlenmarkt conduit aux Tuileries de Vienne, c'est-à-dire au château impérial et royal qu'on nomme la *Hofburg*, ou la *Burg* tout court. C'est un assemblage de constructions d'époques et de styles divers, avec trois cours intérieures ornées de statues et de monuments. Devant ce palais, du côté du Ring, sont le Jardin de la cour, *Hofgarten*, et, séparé de celui-ci par une porte à colonnes doriques (*Burgthor*), le Jardin public ou *Volksgarten*.

La Ringstrasse se compose d'une suite de huit boulevards qui s'étendent en changeant de nom, comme les nôtres, sur 4 kilomètres de longueur, et dont le tracé, brusquement infléchi vers le pont de l'Augarten au nord, et vers celui d'Aspern au midi, rejoint de chaque côté les quais du Canal. Cette magnifique artère présente un alignement presque unique d'édifices et de palais. Sur le *Schottenring*, sa première section en partant du nord, se dressent la Bourse, l'Opéra-Comique; sur le *Franzensring*, l'Université, le nouvel Hôtel de ville, le nouvel Opéra impérial et royal, le Parlement, le nouveau Palais de justice; sur le *Burgring*, sont la *Hofburg*, les nouveaux musées, etc... La rangée se termine, vers le confluent de la Wien, par le *Parkring*, orné d'un superbe jardin avec pont suspendu et étangs, sur les rives de la rivière précitée, et par le *Strebenring*, où s'élève la porte François-Joseph.

Chaque quartier de Vienne du reste, et en cela la capitale de l'Autriche ressemble à celle de la France, a ses curiosités et ses monuments. Sur la rive gauche du canal, entre celui-ci et le Danube régularisé, s'étend le faubourg insulaire de Leopoldstadt, le grand entrepôt des marchandises transportées sur le fleuve par la compagnie de navigation danubienne, dont les opérations s'étendent jusqu'à la mer Noire et, par les affluents et canaux, jusqu'aux lacs Balaton et de Constance. C'est à son extrémité qu'est le bois de Boulogne des Viennois, ce fameux Prater, rendez-vous de la société élégante et aussi des promeneurs de toute classe. Ce massif verdoyant est le reste d'une antique forêt qui allait jusqu'aux portes de Vienne et qui servait aux chasses de la cour; il n'y a pas longtemps encore, on y voyait des chevreuils et des cerfs.

L'Exposition universelle de 1873 a occasionné dans ses futaies sombres des abatis et des percées qui l'ont mutilé plus que de raison; néanmoins, c'est toujours un parc unique en son genre. Sa section aristocratique, celle où circulent les brillants équipages, c'est la Grande-Allée, longue de 4 500 mètres, qui commence à l'issue de Leopoldstadt et aboutit au Champ de courses de Freudenau, en laissant, à gauche, deux vestiges encore existants de l'Exposition, la

CHATEAU DE SCHŒNBRUNN.

Rotonde et la Czarda hongroise, et, à droite, une charmante colline pourvue d'un lac, de grottes, de chutes d'eau et de restaurants du bel air.

A gauche de cette avenue fashionable, est la région populaire, *Volksprater*, qui n'est pas la moins gaie et la moins curieuse, avec ses cirques, son hippodrome, ses marionnettes, ses saltimbanques, ses chevaux de bois, ses bazars, ses orchestres bruyants. Une troisième allée gagne de là la partie des berges du fleuve où se trouvent un établissement de bains et une école de natation. Toute une ville nouvelle, la

Donaustadt, comme on l'appelle, est actuellement en voie de construction de ce côté. Là aussi est le beau pont Rodolphe qui a 980 mètres de longueur.

Les environs immédiats de Vienne sont à bon droit renommés. Du nord-ouest au sud-est s'étend un cercle de collines boisées et de vallées ombreuses qui contournent la ville pour venir mourir doucement dans les prairies de Sinnering, en aval d'Ebersdorf. C'est ce beau Wienerwald, chanté par les poètes. Par malheur, il commence déjà à être envahi plus qu'il ne faudrait ; le long des railways du Sud et de l'Ouest, il y a trop de centres de population, trop de maisons, trop de monde, trop de bruit. Cependant la grande nature est encore limitrophe de la ville. On n'a qu'à monter en tramway au milieu du boulevard, et, quand la voiture s'arrête, près des faubourgs mêmes, on est aux pentes du Thiergarten, à Hietzing, à Dornbach, à Dœbling, en pleine forêt, en pleine montagne, à cent lieues du Ring, à ce que l'on croirait. On n'a qu'à prendre, si on le préfère, le bateau à vapeur du canal du Danube, au quai François-Joseph, et, en un clin d'œil, on est à Nussdorf, d'où part le chemin de fer du Kahlenberg, une autre *Rigibahn* de 5 200 mètres de développement. Enfin, à 5 kilomètres au sud-ouest de Vienne, — soit une demi-heure de trajet, en omnibus, en tramway, en wagon, — on a le gigantesque *Schœnbrunn* (Belle-Fontaine), le Versailles des empereurs d'Autriche avec ses bois ombreux, son jardin zoologique, et sa terrasse de la Gloriette d'où l'on aperçoit la ville tout entière avec les Alpes de la Haute-Autriche. Quelle autre capitale de l'Europe centrale peut se vanter de posséder une banlieue aussi pittoresque et aussi *nature ?*

III

Des rives du Danube à celles de la Sprée, on passe d'un monde à un autre. La région berlinoise n'a jamais été ce qu'on peut appeler un pays de Cocagne. Une grande plaine de marécages et de sables, où la menue végétation formait un fourré si dense, que l'on ne s'y pouvait frayer un chemin qu'à coups de hache ; de place en place, quelques blocs erratiques, charriés là par les glaces de l'époque quaternaire :

tel était l'aspect de la Marche à l'époque des Wendes, les primitifs habitants de la contrée. Voyons ce qu'elle est devenue de nos jours.

Née à 500 mètres d'altitude, au Kottmarberg, non loin de la frontière de Bohême, la Sprée, après avoir traversé la Haute-Lusace, où elle se partage en deux bras, entre sur le territoire prussien dans le cercle silésien de Liegnitz. Près du village de Spreewitz, à 108 mètres d'altitude, ses deux branches se ressoudent pour pénétrer dans le Brandebourg; et, après s'être de nouveau ramifié au travers du district qu'on nomme le Spreewald, le fleuve, descendu encore de 75 mètres, arrive à Berlin. Là, de la porte de Stralau au pont Jannowitz, il coule d'abord au nord-nord-ouest; ensuite il tourne à l'ouest, pour décrire au cœur même de la ville deux boucles en forme d'S, dont les points extrêmes sont le Mühlendamm et l'Alsenbrücke; puis, infléchissant derechef au sud vers les massifs du Thiergarten, il file avec de nouveaux circuits dans la direction de Charlottenbourg.

Au milieu de cette plaine d'entre Elbe et Oder, à l'endroit où ces cours d'eau se rapprochent le plus, s'élevaient, au douzième siècle, deux villages qui devaient former par leur réunion la capitale de l'État prussien. L'un, Köln, sur une île de la Sprée, paraît avoir été habité surtout par des pêcheurs, car la première église que l'on y bâtit fut dédiée à saint Pierre, le pêcheur de Galilée, tandis que Berlin, situé sur la rive nord, consacra la sienne à saint Nicolas, patron des marchands, que les Néerlandais établis dans le Brandebourg vénéraient particulièrement. Le marché aux poissons et la rue des Pêcheurs, dans l'île, la rue de Stralau, sur la rive orientale, marquent aujourd'hui l'emplacement de ces deux bourgades primitives, qu'un pont de bois joignait l'une à l'autre.

Toutes deux, au treizième siècle, reçurent une charte municipale distincte, et grandirent d'abord côte à côte; puis, au début du quatorzième siècle, elles se réunirent dans une constitution commune, et devinrent une même cité, Berlin-Köln, qui se fit admettre dans la Hanse et prit rang parmi les villes de la Marche, sans toutefois acquérir beaucoup d'importance. Rien n'indiquait alors que ce petit *emporium* de négoce, situé au plus triste endroit du Brandebourg, fût réservé à de hautes destinées, dût devenir une métropole du monde, une *Weltstadt*, comme disent les Allemands. Mais, quand les margraves eurent achevé la conquête du pays entre l'Elbe et l'Oder, Berlin-Köln marqua le centre de leur principauté; plus tard, quand le Grand-Électeur et les princes Hohenzollern eurent fondé « par le fer et le sang » ce singulier État politique dont les morceaux étaient épars à travers toute l'Allemagne, le château bâti par le premier roi de Prusse dans l'île de la Sprée se trouva être encore à égale distance de l'une et de l'autre frontière, Clèves et Kœnigsberg, et, qui plus est, nous le verrons plus loin, à un point hydrographique d'une incontestable valeur commerciale.

Dans le quartier continental, se trouvait originairement un marché unique, qui fut par la suite ce même *Molkenmarkt* (Marché au lait), où l'électrice Dorothée, au dix-septième siècle, vendait le lait de ses métairies. Là, se dressait la statue de Roland, emblème de la juridiction municipale. La primitive église Saint-Nicolas, encore existante avec sa tour de 90 mètres de hauteur, est, avec l'église Sainte-Marie, le monument le plus ancien de Berlin. L'une et l'autre furent construites au moyen du granit des blocs erratiques, la seule matière que l'on pût utiliser dans ces districts pauvres en pierre, jusqu'à ce qu'on eût appris des colons néerlandais de la Vieille-Marche l'art de préparer la brique et de s'en servir. Ce ne fut que beaucoup plus tard qu'on eut recours à ce grès de Pirna qui approvisionne encore de nos jours les constructeurs berlinois.

La résidence des margraves, la Haute Maison (*Hohe Haus*), comme on l'appelait (aujourd'hui l'Entrepôt), s'élevait près de la porte de Stralau. L'Hôtel de ville primitif était sans doute sur le Molkenmarkt; puis, plus tard, lorsque la ville s'agrandit et eut une deuxième place de marché, il dut se transporter au centre, près de la rue Oderberg, comme se nommait alors la Kœnigstrasse. Quant aux demeures particulières de ce temps, il n'en subsiste rien actuellement. Au premier pont, le Mühlendamm, qui ne fut jusqu'au dix-septième siècle qu'une chaussée étroite et mesquine, bordée de simples échoppes de bois, on ajouta ensuite le Long Pont (*Lange Brücke*), qui, autrefois, méritait mieux son nom qu'aujourd'hui, car il conduisait jusqu'aux abords de la rue actuelle du Saint-Esprit. Longtemps, néanmoins, Berlin-Köln n'offrit qu'un aspect assez pauvre en comparaison de certaines villes voisines telles que Brandebourg, Spandau, et surtout Dantzig, célèbre déjà par ses belles maisons aux grandioses façades, aux portails somptueux et aux larges fenêtres. Mais, placée de bonne heure à la tête de l'association des cités margraviales, siège des assemblées du Bund, elle n'avait cessé de grandir politiquement et commercialement, et lorsque, au quinzième siècle, le burgrave Frédéric de Zollern prit possession du margraviat, d'abord en qualité de représentant de l'Empereur, puis à titre de souverain, l'antique bourgade de la Sprée avait atteint, comparativement, un haut degré de prospérité. On sait que la tâche principale de ce prince fut de briser la fierté et l'indépendance de la querelleuse et rapace noblesse, les Bulow, les Alvensleben, les Arnim, les Bismarck, qui avait si longtemps mis à sac le pays. Il eût bien voulu passer le même niveau sur les villes de la Marche; mais il se vit contraint de laisser cette besogne à son successeur. Durant tout son règne, il tint d'ordinaire sa cour dans le château de l'empereur Charles IV à Tangermünde, et ne visita Berlin que très rarement. Il en trouvait les habitants trop mutins, trop entichés de leur dignité et de leurs droits.

Frédéric II Dent-de-Fer, au contraire, s'installa autoritairement dans la ville, la dépouilla de ses principales franchises, et ce fut lui qui commença, au bord de la Sprée, la construction du nouveau château, qui résume en quelque sorte, dans ses agrandissements successifs et ses diverses métamorphoses, toutes les visées architecturales des Hohenzollern. La partie la plus importante du bâtiment primitif, qui subsiste encore de nos jours, est la tour ronde dite le Chapeau-Vert (*der Grüne-Hut*). Elle servit de cachot jusqu'à l'époque du Grand-Électeur, qui bannit la geôle de sa résidence. Mais ce fut surtout à partir de Joachim II, l'introducteur officiel de la Réforme dans le Brandebourg, que le château reçut ses grandes amplifications.

Ce prince, amoureux de l'éclat, donnait de nombreuses fêtes à sa cour, et le goût de la magnificence se répandit peu à peu dans la bourgeoisie berlinoise. De lui et de son principal architecte, Gaspard Theiss, datent l'époque de la Renaissance, dans la capitale de la Prusse, et l'apparition de la pierre de taille. Par malheur, éclate bientôt la terrible Guerre de Trente Ans, et alors ce n'est pas seulement l'essor architectural qui s'arrête, c'est l'existence même de ce petit État, d'un million d'habitants à peine, qui, un moment, semble menacée. A la fin du seizième siècle, Berlin et Köln ensemble comptaient

12 000 âmes; après la guerre, ce chiffre était tombé à 6 500, et, sur 1 219 maisons, dit un chroniqueur de l'époque, 350 étaient vides.

Cinquante ans après, sous le Grand-Électeur, grâce aux immigrations, et surtout à la révocation de l'Édit de Nantes, qui vint accroître soudain d'un quart la population de la ville prussienne, la physionomie de Berlin avait changé du tout au tout. Les endroits déserts se bâtissaient, les antiques constructions se redressaient, les rues étaient pavées; de sévères règlements de voirie en assuraient la propreté, et, malgré la résistance des bourgeois qui trouvaient l'innovation trop coûteuse, on inaugurait l'éclairage public. La ville, considérablement agrandie, fut entourée d'un nouveau système de fortifications exécuté sous la direction de l'ingénieur hollandais Memhard. En deçà de la forêt qui s'étendait à l'ouest jusqu'au village de Lietzow, et dont le *Thiergarten* est un reste, la princesse Dorothée, seconde femme du Grand-Électeur, fit planter la quadruple allée de tilleuls (*Unter den Linden*) qui est devenue depuis lors l'avenue fashionable de Berlin; au nord de cette promenade enfin s'éleva le quartier qui, de sa créatrice, a gardé le nom de Dorotheenstadt. Notons aussi pour mémoire que, de la même époque, date l'apparition des voitures à deux sièges appelées *berlines*. Le Piémontais Philippe de Chieze, qui bâtit la partie principale du château de Postdam, en fut l'inventeur.

Sous Frédéric III, fils du Grand-Électeur, celui-là même qui, sous le nom de Frédéric Ier, allait ouvrir la série des rois de Prusse, l'œuvre d'agrandissement se continue. En dehors des remparts, près des Tilleuls, s'élève, toujours sous la direction d'architectes flamands, tout un faubourg, la *Friedrichstadt*, aux rues larges et régulières. Les matériaux de bâtisse sont fournis gratuitement aux bourgeois. Alors aussi est commencée la construction la plus monumentale de Berlin, celle qui, aujourd'hui encore, passe pour l'édifice le plus travaillé et le plus imposant de la capitale de l'Allemagne, l'Arsenal. Chose étrange! ce palais de la guerre et de la victoire, dont l'aspect caractérise à merveille le génie de la Prusse et de ses souverains, fut édifié en partie par un Français, Jean de Bodt, un protestant passé au service du Brandebourg, et dont la seconde œuvre maîtresse fut, plus tard, le Palais japonais de Dresde.

Cette création n'était que le prélude d'une entreprise plus considérable encore. Frédéric III, trouvant que le vieux château de ses pères, assemblage de constructions successives et sans harmonie, n'était plus digne de la haute fortune où étaient désormais parvenus les héritiers de l'Ascanien Albert l'Ours, ordonna de le transformer et de le refaire. Les travaux commencèrent juste à point, deux années seulement avant le couronnement du douzième électeur de Brandebourg. Ajoutons qu'un autre château royal, celui de Charlottenbourg, date également du même règne. Bref, le 25 février 1713, le premier roi de Prusse, en mourant, léguait à son successeur, outre un pays de bonne culture, pourvu de routes, d'écoles, et dont l'air d'aisance frappait de surprise l'étranger, une capitale qui commençait à devenir digne de ce nom. Il est vrai que Frédéric-Guillaume, le *roi-sergent*, ne gaspilla point ce patrimoine. On n'a plus affaire ici à un prince magnifique, amoureux des beaux bâtiments, des statues, des salles d'apparat; on se trouve en présence d'un esprit froid, économe, d'un monarque bourgeois, simple jusqu'à la rudesse, mais qui n'en continue pas moins à sa manière l'œuvre entreprise par son devancier. A vrai dire, il ne veut rien d'inutile ou du moins rien de ce qu'il estime tel; il hait le faste au même titre que l'oisiveté. Son premier soin par exemple est de convertir en un champ de manœuvres le jardin de plaisance du château de Postdam, sa résidence favorite. Cependant on se tromperait fort, si l'on croyait que, sous son règne, Berlin ne s'embellit que de casernes. On construit de toute façon, quoique sans art. Le faubourg de Friedrichstadt est poussé avec ardeur; on trace des rues dans celui de Spandau; on élève nombre d'hôtels privés, notamment dans la Wihlemstrasse, au sud de la Sprée. L'allée des Tilleuls est prolongée. Le roi lui-même est partout présent. Il distribue gratuitement les terrains; il fait bâtir militairement; les propriétaires doivent, bon gré mal gré, traîner devant lui piquets et jalons. Malheur à quiconque laisse la bâtisse sur le papier! Le conseil municipal est astreint à l'obligation de faire édifier, chaque année, deux centaines de maisons, ne fût-ce qu'à un seul étage. *Nicht raisonniren*, que nul ne raisonne! telle est la devise de ce souverain, ami des soldats, mais ennemi de la guerre, quoique la guerre lui ait finalement rapporté la Poméranie et les bouches de l'Oder.

Ainsi se formèrent, à Berlin, une multitude de rues larges et régulières, bordées d'habitations semblables et basses, qui cèdent aujourd'hui peu à peu la place à des édifices d'un aspect plus grandiose. A Postdam, il reste encore un grand nombre de ces constructions uniformes; le coup d'œil en est singulier; on dirait des files de soldats alignés pour la parade. Pour qu'une maison rompît l'harmonie, il fallait de graves motifs. On cite, par exemple, le cas d'un certain colonel de Rheder qui, en raison de sa taille exceptionnelle, avait obtenu du roi, épris, on le sait, des beaux grenadiers, d'ériger une demeure plus élevée que les autres. Au milieu de ces travaux utilitaires, Dieu n'était pas complètement oublié. De 1726 à 1731, on édifie, sur les plans de Philippe de Gerlach, l'église de Jérusalem et celle de la Trinité : toutefois, l'architecture religieuse n'a jamais été, on doit le reconnaître, le côté fort de la construction berlinoise.

L'art proprement dit, banni de la cour de Frédéric-Guillaume Ier, avait trouvé un asile dans un autre lieu, au vieux château de Rheinsberg, résidence de ce prince héritier, qui devait être le Grand Frédéric, « un morveux, disait de lui son père, destiné à gâter toute ma besogne ». De ce château sortit, avec l'ère des nouveautés, un architecte qui fut le premier artiste du règne suivant, Georges Wenceslas de Knobelsdorff. Ce fut Knobelsdorff qui dessina le Thiergarten et fit, de cette forêt de chasse, sans en mutiler les vivaces fourrés, le magnifique parc qu'on connaît. En 1743, s'éleva, sous le nom de « temple d'Apollon et des Muses », l'Opéra de Berlin, brûlé et rebâti depuis lors. Le roi en avait décrété l'érection « de son camp de Silésie ». A la même époque remonte également la construction de l'église catholique de Sainte-Edwige et de l'église Française, sur la place des Gendarmes. Rien que dans sa capitale, Frédéric II dépensait par an de très grosses sommes, terminant au besoin à ses frais les façades des maisons restées inachevées. Et, pendant ce temps-là, de l'autre côté du Rhin, Louis XV, le vaincu de Rossbach, folâtrait dans son Parc-aux-Cerfs.

Nous ne pouvons suivre jusqu'au bout la série et l'exécution de ces devis : il nous faut dès maintenant jeter un coup d'œil sur l'ensemble urbain qui en est résulté. De nos jours, à Berlin comme chez nous, la spéculation vise principalement à tirer d'un espace donné le plus de profit possible; elle ne se préoccupe guère que d'édifier de vastes « immeubles de rapport », destinés à recevoir le flot toujours croissant de l'immigration; car la ville est devenue la plus grande cité indus-

BERLIN.

trielle de tout le continent, le centre d'attraction d'un prolétariat multiforme dont on ne prévoit pas assez le rôle futur. De nouveaux quartiers y surgissent du sol à vue d'œil. La banlieue se peuple chaque jour; la moindre parcelle de terrain se paye maintenant des prix fous, et cet accroissement ne fait que commencer.

La cité brandebourgeoise étend, comme une gigantesque pieuvre, ses bras de tous côtés, vers Charlottenbourg, Wilmersdorf, Schœneberg, Steglitz, Tempelhof, Stralau, Lichtenberg, même vers Pankow et Reinickendorf; dès 1861, les communes ouvrières de Moabit, de Wedding, d'autres encore, se sont vues englober par elle; le temps n'est pas loin peut-être où l'ancienne résidence des Margraves pourra s'appeler Berlin-sur-la-Havel aussi bien que Berlin-sur-la-Sprée.

C'est que, en dehors de la suprématie politique et militaire que lui ont value les derniers événements, l'ex-métropole du royaume de Prusse, élevée au rang de capitale de l'empire d'Allemagne restauré, joue de plus en plus en Europe, au point de vue géographique, un rôle prépondérant. Elle forme, comme on l'a dit, « un centre de gravité naturel » entre deux bassins qui lui donnent pied à la fois sur la mer du Nord et sur la Baltique. Sise au point de croisement des grandes routes de ces deux régions, entre Breslau et Hambourg, entre Leipzig et Stettin, elle commande au loin un immense trafic, et, par cela seul, se subordonne toutes les autres villes de la vaste plaine qui s'étend de la Hollande au Niémen.

Aussi le nombre de ses habitants, qui était, en 1810, de 154 000 âmes, en 1840, de 310 000, en 1858, de 439 000, en 1874 de 950 000, a-t-il, par une progression constante, presque doublé depuis quinze années : il est actuellement de 1 315 297 (recensement de 1887).

Il y a 200 ans, la France occupait encore le premier rang en Occident; elle figurait, vers l'an 1700, pour plus des deux cinquièmes dans le chiffre total de la population des grandes puissances; aujourd'hui, l'Allemagne, avec ses 47 millions d'âmes, vient immédiatement après la Russie, et, hors de l'Europe, elle n'est dépassée que par les États-Unis d'Amérique, la Chine et l'Inde britannique. Par ses chemins de fer, faciles à construire dans ces plaines continues, ces « sablières » où les plus hautes collines ont seulement quelques mètres d'altitude, et où il suffit d'extirper herbes et bois et de consolider le marécage pour créer un bon *statumen*, comme disaient les Romains à propos de leurs chaussées, Berlin est en communication avec tous les grands centres de l'Europe, et bientôt un canal de navigation, en la reliant à Stettin, le grand marché de la Poméranie, où entrent annuellement plus de 5 000 navires, transformera la cité de la Sprée en un véritable port de mer.

Dans son ensemble, Berlin, en dépit de l'ampleur de ses proportions et de ses monuments, a un peu l'air d'une parvenue, qu'elle est réellement, parmi les grosses villes d'Occident. Tout y est trop neuf, trop guindé, trop théâtral, trop visiblement arrangé pour l'effet. Les principaux édifices, l'Hôtel de Ville, long de 97 mètres et surmonté d'une tour de 94 mètres, l'Arsenal, l'Université, l'Académie des Sciences et des Beaux-Arts, la Bourse, de style vénitien, la Bibliothèque, l'Opéra, le Palais impérial, se groupent sur un espace assez restreint, répondant à l'ancien Berlin-Köln, entre la classique porte de Brandebourg et l'extrémité de l'allée des Tilleuls. Autour de ce noyau se déroule une ceinture interne de districts urbains qu'enveloppe à son tour le massif extérieur des faubourgs.

Au nord de la Sprée, de la place Alexandre aux portes de Landsberg et de Prenzlau s'étend la partie intérieure de la Kœnigstadt; entre la porte de Prenzlau à celle d'Oranienbourg, vient le quartier populeux de Spandau, appelé aussi Sophienstadt, du nom de la troisième femme du roi Frédéric Ier. Plus à l'ouest, se trouve la Friedrich-Wilhelm-Stadt qui va jusqu'au canal de Spandau. Au sud du fleuve est ce quartier de la Dorotheenstadt, dont le lecteur connaît l'origine. Il est séparé en deux par la Friedrichstrasse, une des plus belles rues de Berlin, laquelle se déroule du nord au sud sur 3 300 mètres de longueur et franchit la Sprée près du château de Monbijou. Établi, il y a 340 ans, par le Grand-Électeur Joachim II, ce dernier édifice, où Pierre Ier Romanot logea en 1717, quand il vint à Berlin, est aujourd'hui un musée, création de feu « notre Fritz ». Les jardins en ont été passablement endommagés dans ces derniers temps par la construction du Domkanditatenstift et de la rue d'Oranienbourg. Quant aux Linden, elles figurent, on le sait, une superbe avenue de 54 mètres de largeur et de 1 300 environ de longueur, ornée de quatre rangées d'arbres séculaires et bordée de nombreux palais. Non loin de là est la place Belle-Alliance, où convergent à la fois les Linden, la Friedrichstrasse et la Wilhelmstrasse. Plus à l'est, le quartier de la Luisenstadt est moins riche en édifices remarquables ; la principale rue en est celle des Princes, qui, avec ses prolongements, atteint le pont Jannowitz déjà mentionné.

Parmi les faubourgs, je citerai, au nord de la Sprée, le Moabit, quartier de fabriques, naguère encore assez misérable, mais qui commence à se nettoyer et que décorent les deux belles gares de Hambourg et de Lehrt ; le Wedding, quartier également plébéien, coupé à

CHATEAU ROYAL DE BERLIN.

l'est par le petit cours d'eau de la Panke, une sorte de Bièvre qui se verse dans la Sprée, et par le chemin de fer de Stettin ; le faubourg d'Oranienbourg, au sud du Humboldtshain (parc de Humboldt) ; celui-là est le quartier par excellence de l'industrie mécanique et des ateliers, et il a reçu, pour cette raison, le surnom de « Forges de Vulcain » ; plus à l'est, la Friedrichstadt extérieure, où se trouve le Friedrichshain, parc à brasseries, à cafés-concerts et à baraques de baladins ; enfin le quartier de la porte de Francfort, et celui de Stralau.

Au sud de la Sprée, s'étendent de l'est à l'ouest, jusqu'au jardin zoologique, de belles promenades et de vastes boulevards ; là aussi sont les cimetières, et les magnifiques gares d'Anhalt et de Postdam. Du reste, une des bonnes façons de voir Berlin, c'est de prendre le chemin de fer Métropolitain, le « triomphe de la technique », assurent les Allemands. Achevé en 1881, celui-ci se développe sur 11 kilomètres de longueur, de l'est à l'ouest en rattachant entre elles les diverses gares, déjà reliées par le railway de ceinture, et en consacrant au service urbain une moyenne de 700 trains par jour.

Une des particularités de Berlin, c'est l'abondance d'arbres. Il n'y a pas de tilleuls qu'aux Linden ; la rue de Francfort, elle aussi, a les siens ; la rue de Postdam, d'autres voies encore, offrent au promeneur de superbes ombrages d'ormes, de chênes, de frênes ou de châtaigniers. Plus de 4 000 maisons possèdent en outre un jardin soit devant, soit derrière, ou même devant et derrière à la fois ; dans le faubourg du Sud que traverse le canal de navigation, dans ceux de Rosenthal, de Moabit et de Wedding au Nord, presque chaque habitation en a un. Et ce frais habillement de verdure date de loin. Dès le temps du Grand-Électeur, chaque paysan était tenu d'entourer sa demeure d'un morceau de verger, et nul ne pouvait se marier qu'à la condition de planter six chênes et de greffer six arbres fruitiers.

Non moins que la ville, la banlieue de Berlin, toute plate et monotone qu'elle est, accuse l'effort persévérant d'une volonté de longue main résolue à mettre le sable même en valeur. Depuis la lande de Spandau jusqu'à la forêt de Zehlendorf à l'ouest, tout n'est qu'arbres, bosquets et pâtis. Chaque route présente une bordure de peupliers et de bouleaux dont les ondoyantes chevelures simulent de loin des cimiers de casques de uhlans. L'essentiel est de se botter comme il faut, si l'on veut s'aventurer hardiment dans ces campagnes marécageuses, empire illimité du cresson, de la lentille d'eau, du tussilage et de la laitue, qu'égayent les ébats de la salamandre et de la rainette effrontée. Il n'est pas jusqu'aux paysans de ces districts suburbains qui ne rappellent assez par leur glauque aspect la gent batracienne dont Latone aime à s'entourer. Pour surcroît, chaque grande futaie se mire ici en un lac. A l'est, au nord et au sud, partout, ce ne sont que nappes d'eau. C'est que jadis l'Oder, arrivé à l'endroit où se trouve la ville de Francfort, au lieu d'obliquer brusquement à droite, comme il le fait de nos jours, pour aller se jeter dans la Baltique, continuait sa course au nord-ouest pour s'unir à l'Elbe et se déverser dans la mer du Nord, et ce serait ce puissant fleuve qui, en ravinant la plaine sablonneuse, aurait créé ce chapelet de coupes lacustres que relient si pittoresquement la Havel et la Sprée.

Voulez-vous contourner à grands pas cette banlieue? Au nord de la Sprée, voici le bois et le lac de Liepnitz, puis le Weissensée, puis Pankow, avec ses fameuses sources de Santé (*Gesundbrunnen*), découvertes au temps de Frédéric Ier dans le jardin d'un meunier; voici ensuite le Plotzensée, ou lac aux gardons, le Teufelsée, ou lac du diable, et, plus au nord, dans un repli de la Havel, Tegel et sa belle nappe d'eau ombragée, où était le Tusculum de Humboldt. De là, au travers de campagnes semées de fermes, d'où l'on aperçoit à main gauche les hautes cheminées fumantes des usines du faubourg de Moabit, on arrive aux bosquets de la Jungferhaide; après quoi, la Sprée franchie, on a derechef d'un côté une vaste étendue de prairies sillonnées par les bras du fleuve et les levées du chemin de fer, et, de l'autre, les jardins et le parc du château de Charlottenbourg avec ses pièces d'eau et son belvédère. Dans ses pièces d'eau s'ébattaient naguère encore les fameuses carpes, rivales de celles de Fontainebleau. Frédéric-Guillaume les y avait mises en 1715, et, au signal d'une cloche, elles accouraient chercher leur nourriture au pont dit *Klingelbrücke;* aujourd'hui elles n'existent plus; l'hiver de 1864 les a tuées.

Plus loin, par delà la chaussée de Spandau, apparaissent le Grünenwald et le Halensée, puis Steglitz, village silencieux et charmant, un des buts de promenade favoris de la population de Berlin, et, à sa suite, Tempelhof, en berlinois *Templow*, — car nous sommes, ne l'oublions pas, en pays de *platt-deutsch*, et l'on observe, dans le parler bas-allemand de la région des intonations assourdies, des phénomènes d'amollissement (le *J* par exemple remplaçant le *G*), qui sont comme la marque du terroir et un reflet de la nature ambiante. Aux marches sud de l'Europe, dans un autre district de lagunes, le dialecte italien de Venise est empreint d'un caractère analogue.

A Tempelhof, il y a, ne vous en déplaise, des montagnes; ce sont les *Tempelhofer Berge*, qui bornent du côté de Berlin le *Tempelhofer Feld*. Elles étaient jadis la propriété de l'ordre des Templiers qui ont laissé leur nom au district, et le lieu entier était fortifié. Aujourd'hui les fortifications en ont disparu ; au sommet seulement se dresse le monument qu'on appelle le *Kreuzberg Denkmal*. Près de là est la brasserie de Tivoli, puis la Hasenhaide, le *Prater* populaire de Berlin, et un champ de tir, le Turnplatz. Deux localités de banlieue encore, Nixdorf et Britz, et nous voici rejoignant la Sprée, en amont de la ville, aux bourgades toujours tumultueuses et bruyantes de Treptow et de Stralau, près desquelles ont lieu les régates berlinoises.

CHAPITRE V

De Dresde à Berne par Münich.

I

Où est l'âge héroïque des Henri l'Oiseleur, des Othon le Grand, des Henri le Lion, l'époque où les ducs de Saxe étaient, eux aussi, rois de Germanie, ceignaient la couronne impériale, et apparaissaient en Europe comme les rivaux les plus redoutés de la maison de Hohenstaufen et des Ascaniens de Brandebourg? Où est le temps où ces mêmes ducs avaient assez de puissance pour sauver Luther du bûcher en lui ouvrant l'asile de la Wartbourg, le temps où ils se posaient en champions de la Réforme contre Charles-Quint, le terrible *Kaiser?* Toute cette épopée est bien loin. Depuis plus de trois siècles, c'est-à-dire depuis la guerre de Trente Ans, les princes belliqueux sont devenus pacifiques. Ils ont renoncé à faire concurrence à leurs ambitieux adversaires d'autrefois. Même la souveraineté de Pologne, gagnée un instant au jeu de la guerre, leur a valu plus de déboires que de profits. Dépouillée à l'envi par la Prusse et par la Russie, puis incorporée de fait dans le nouvel empire germanique, la Saxe n'est plus aujourd'hui qu'un État minuscule, de 15 000 kilomètres carrés à peine, et de moins de deux millions d'âmes.

Dresde du moins, avec ses 250 000 habitants, a gardé quelque chose de cette ère de magnificences et de fêtes, de bonne heure inaugurée par des princes jaloux de faire de leur capitale la cour la plus brillante de l'Allemagne, et un reflet de la gloire passée revit encore dans l'ensemble grandiose de palais, d'édifices, de musées et d'églises qui décorent la ville des Ottonides. Déchue de ses visées politiques, elle est restée la « Florence germanique », un centre de civilisation, de politesse, d'élégance, où continue d'affluer tout un peuple d'artistes, de poètes, de peintres, de musiciens, de lettrés. Sise en outre à l'entrée de cette poétique région qu'on a surnommée la « Suisse saxonne », elle est toujours un lieu d'attraction pour les touristes de tout pays épris de la belle nature.

Un magnifique fleuve, l'Elbe, décrit à Dresde un large croissant superbe à voir des hauteurs riveraines, et divise la cité en deux moitiés. A gauche s'élève la vieille ville ou *Altstadt*, à droite, la ville neuve, *Neustadt*, reliées l'une à l'autre par trois beaux ponts de pierre. D'un côté, une haute terrasse commandant la vallée, de l'autre, une arrière-croupe de plateaux sablonneux et boisés, dont la pente sud, plantée en vignobles, regarde la ville. Mais, sur une rive aussi bien que sur l'autre, tout sent et annonce la « Résidence », comme on dit en Allemagne. Les principaux édifices se groupent dans la vieille ville, amas de maisons étroites et serrées, auquel attiennent les trois faubourgs de Pirna, de Sée, de Wildruffer, et le quartier de la Friedrichstadt, séparé des précédents par la rivière Weisseritz, cours d'eau limpide et bondissant qui serpente à travers une vallée toute semée de villages pittoresques et de vergers aux aspects édéniques.

Décrirai-je, après tant de voyageurs, ces monuments dont Dresde est si fière, le Théâtre royal, le Château, avec sa splendide galerie verte (*Grüne Gewölbe*), et ce merveilleux musée du Zwinger, avec ses toiles du Corrège, du Titien, de Rembrandt, de Véronèse, et surtout sa Madone de Raphaël, qui, à elle seule, mériterait le voyage? Et le Palais royal, qui est lui aussi un musée, et l'église Notre-Dame, et la statue de Frédéric-Auguste (sur le marché neuf), et le Johanneum, avec ses collections sans pareilles et son riche musée céramique : que de curiosités offertes au touriste! Au sud de la ville, à l'extrémité d'une belle promenade bordée d'élégantes constructions modernes, se trouve le Grand jardin, qui fut, au mois d'août 1813, le théâtre de combats si sanglants entre les alliés et Napoléon.

Dresde entière, je le répète, est une sorte de temple des arts; sur les places, dans les rues, aux frontons de tous les édifices, vous ne

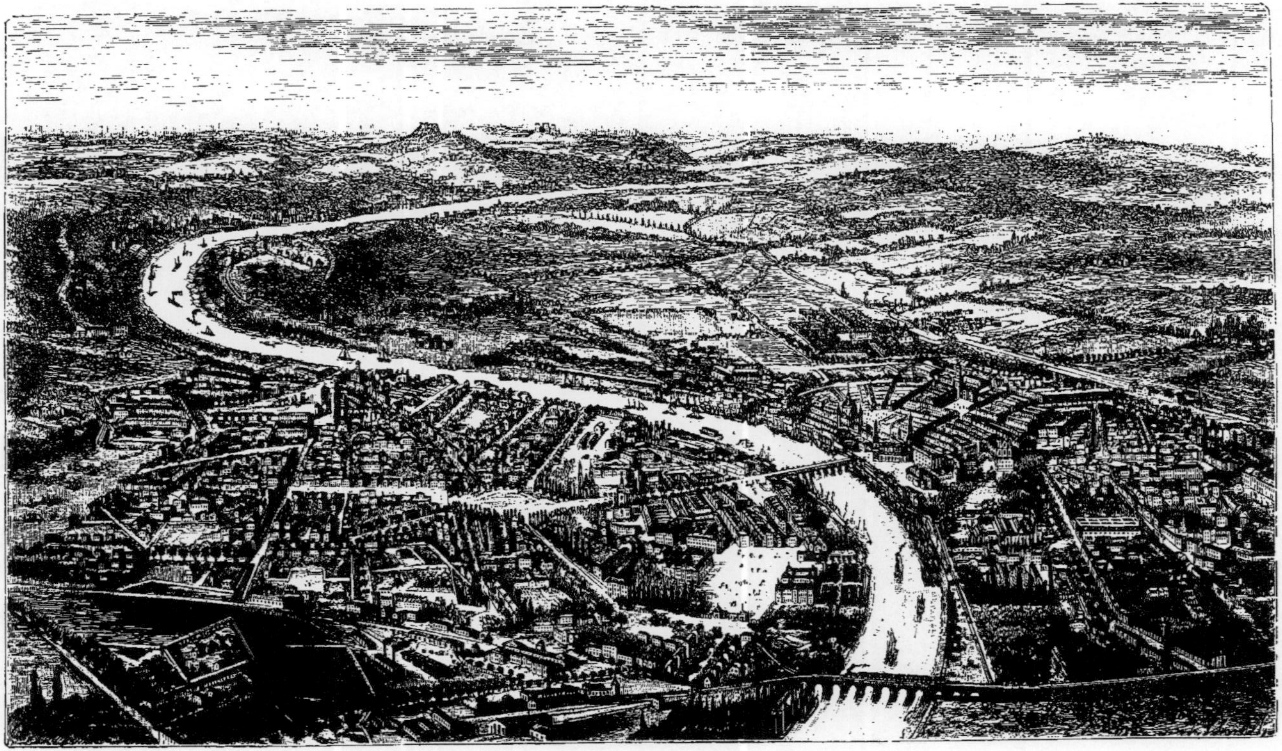

DRESDE.

voyez que groupes sculptés et statues. Dans les quartiers de la rive droite, vous avez le fameux Palais japonais, avec son entourage de végétation tropicale, sa bibliothèque, son cabinet des Antiques, bronzes, vases, statues et médailles. Une seule région, quoique monumentale, elle aussi, jure avec cet ensemble artistique, par son caractère tout utilitaire, c'est le massif urbain qui occupe le vaste plateau dominant au nord la ville neuve. Là s'étendent, sur plus d'un kilomètre de longueur, une série d'établissements militaires, école des Cadets, casernes avec places d'armes, plus une formidable citadelle : le peuple de Dresde, par moquerie, a donné à ce faubourg de Mars le sobriquet de *Casernopolis*.

Les environs de Dresde, je l'ai dit, sont charmants. Tels sont par exemple ces bains de Link dont la terrasse descend jusqu'à l'Elbe, et où les bourgeois vont prendre le frais en jouissant du panorama d'alentour; tels encore, un peu au delà, le site où s'élève le château de Pilnitz, résidence d'été des rois de Saxe, et enfin, à 30 kilomètres à l'est, la classique montagne de la Bastei avec sa terrasse vertigineuse du haut de laquelle on découvre une partie de la Suisse saxonne, pendant que le regard plonge à pic sur le cours majestueux de l'Elbe, où le sillage des bateaux à vapeur apparaît grand comme celui d'un cygne.

II

Une autre capitale de l'art en Allemagne, et une cité déchue, elle aussi, c'est Münich. Celle-là ne doit rien au site. Point de fleuve grandiose aux berges altières; une rivière torrentueuse, l'Isar, échappée des gorges du Tyrol, et ne servant qu'au flottage des bois, une plaine monotone, semée seulement de quelques bouquets d'arbres : tel est le cadre de la cité qu'Henri le Lion, au douzième siècle, choisit pour sa résidence ducale. Aussi quand, le 17 mai de l'an de grâce 1632, le ro de Suède Gustave-Adolphe, arrivant d'Ismaning, aperçut des hauteurs du Gesteiberg la belle ville au milieu de sa piètre campagne, ne put-il s'empêcher de remarquer qu'elle ressemblait « à une selle d'or sur un cheval maigre ».

Le paysage est toujours aussi pauvre maintenant que jadis; une chose en rachète cependant, pour moi, l'indigence : si l'horizon pèche au nord et à l'ouest, en revanche, au sud et à l'est, il y a la perspective lointaine des Alpes de Salzbourg, du Tyrol et du Vorarlberg. Ajoutons que, grâce à sa position, Münich est demeurée le principal marché de grains de l'Europe centrale ; mais ce n'est pas sous ce point de vue qu'il nous plaît ici de la considérer.

München doit, paraît-il, son nom à des moines (*Mönchen*) qui s'étaient établis près d'un pont sur l'Isar pour y exploiter un entrepôt de sel. Elle resta longtemps une simple bourgade ; puis, peu à peu, elle devint une ville. Au temps de la Réforme, elle portait le surnom de la « Rome allemande », tant pour l'ardeur que la dynastie ludovicienne des Wittelsbach montra à soutenir la cause des papes, que pour la quantité d'ecclésiastiques, de couvents, d'églises et de chapelles qui étaient dans ses murs. Ce ne fut toutefois qu'au dix-septième siècle, sous Maximilien le premier électeur, qu'elle commença de prendre de l'importance et devint une cité remarquable. On sait quel rôle joua ensuite la Bavière dans la guerre de la Succession d'Espagne, et comment un de ses princes ceignit un instant la couronne impériale. Plus tard encore elle fut l'État le plus puissant de la Confédération du Rhin ; puis, après les revers de Napoléon, elle entra dans la coalition, ce qui ne l'empêcha point de se voir, en 1815, obligée de restituer à l'Autriche deux superbes districts de montagne qu'elle eût vivement souhaité de conserver, quoique ceux-ci ne voulussent point d'elle, le Tyrol et le Vorarlberg susnommés. Depuis lors, ses rois ne se sont plus occupés que de régner en artistes, et, après avoir, au lendemain de Sadowa, laissé échapper l'occasion de se mettre à la tête d'une Allemagne du Sud, ils ont renoncé, comme leurs cousins de Saxe, à toute velléité de grandeur propre, pour graviter dans l'orbite de la Prusse.

En 1801, le chef-lieu de la Bavière n'avait que 40,000 habitants ; aujourd'hui il en compte deux cent soixante mille, et l'on sait comment, en ce laps de temps, il s'est physiquement transformé de pied en cap, au commandement de trois princes dilettantes, Louis Ier, Maximilien II et Louis II (1825-1887).

Un écrivain français qui visita cette cité, il y a un demi-siècle (1832), résumait à peu près en ces termes ses impressions de voyageur :

« Quand vous entrez à Munich, au premier coup d'œil, cette ville en construction vous étonne. De tous côtés, des foules d'ouvriers se rendent à leur travail, maçons, charpentiers, tailleurs de pierre. Où vont ceux-ci ? demandez-vous. — A un Louvre qui s'élève pour recevoir des tableaux. — Et ceux-là ? — A la nouvelle Résidence. — Et ici, quel est cet édifice à peine achevé ? — Le musée des Antiques. — Et cette énorme bâtisse ? — Une église gothique. — Et cette autre ? — Une caserne. — Et à côté ? — Un ministère. — Et ces percées à travers la campagne ? — Ce sont des rues. — Sans maisons ? — Les maisons viendront. — Et qui fait cela ? Qui dira aux maisons de venir ? — Le roi. »

Et, effectivement, les maisons sont venues, ou plutôt des palais, toute une ville nouvelle à côté de l'ancienne, si bien que, sauf les vieux quartiers, rajeunis d'ailleurs eux-mêmes jusqu'à en être méconnaissables, il reste aujourd'hui bien peu de chose du Münich « du bon vieux temps, *der guter alter Zeit* », comme on dit là-bas. Dans les parties nord et nord-est, où les étrangers débarquent et résident, tout est neuf, tout date littéralement d'hier. Aussi, quel contraste et quelle surprise pour le touriste arrivant d'Augsbourg, d'Innsbruck, et surtout de Nuremberg ! Il vient de quitter une cité moyen âge pure ; il a l'œil plein de hautes maisons aux pignons pointus, aux innombrables fenêtres, aux façades diversement coloriées, avec arabesques, portails, balcons, lanternes fantaisistes ; il a cheminé par des rues tortueuses, par des places biscornues et irrégulières, à l'ombre de vénérables remparts flanqués de tours et de mâchicoulis ; bref, il sort d'une localité figée en quelque sorte dans le moule vétuste du quinzième siècle, arrêtée et comme immobilisée au temps d'Albert Dürer, et de plain pied, le voilà transporté au milieu d'une ville spacieuse, lumineuse, fastueuse, qui est un véritable résumé de la science archéologique moderne, tout un poème d'érudition architecturale, et qui semble le résultat d'une gageure.

Tous les styles ont fait les frais de sa splendeur. Ici, c'est un péristyle dorique, là une *loggia* italienne, ailleurs un fac-simile d'un temple de l'Attique ou d'un palais de la Renaissance. Fouilles de Pompéi et d'Herculanum, exhumations d'Olympie et d'Égypte, trouvailles artistiques faites en Sicile comme en Étrurie, tout a été mis à profit pour ce gigantesque pastiche auquel ont concouru les plus célèbres artistes de l'Allemagne, les Klenze, les Schwanthaler, les Kaulbach, les Cornélius.

C'est sur la rive gauche de l'Isar, dans le faubourg Maximilien, une sorte de West-End munichois, que se trouvent presque toutes les grandes constructions récentes, et aussi les plus belles rues, la Ludwigstrasse, la Sonnenstrasse, la Müllerstrasse, etc. Regardez la place Maximilien-Joseph : quel luxe de décoration ! Au milieu, la statue colossale du prince ; à l'ouest, la splendide Residenzstrasse, qui traverse la ville du septentrion au midi ; au nord, la Résidence, formée de deux masses distinctes, l'ancien palais et le nouveau, celui-ci une imitation du palais Pitti de Florence ; à l'est enfin, le théâtre. Près de là, une espèce d'arc de triomphe romain, avec des fonds de couleur rouge et des panneaux ornés de corps nus, conduit au Hofgarten ou jardin de la Cour, grand carré en quinconces planté de marronniers et de tilleuls. Au milieu de l'aire s'élève un temple de la Fortune surmonté d'une statue de la Bavière; de deux côtés, sur 660 mètres de longueur, règnent des galeries analogues à celles de notre Palais-Royal, aux parois intérieures desquelles sont peintes des fresques représentant des scènes historiques tirées des anciennes chroniques du pays et de la guerre de l'indépendance hellénique, puis des vues des plus beaux lieux antiques de la Grèce, de l'Italie, de la Sicile. Sur un troisième côté est le palais des Fêtes, de 240 mètres de façade, avec des salles aux fresques somptueuses, chambres des Beautés, des Ancêtres, salles du moyen âge, salles des Nibelungen, salles d'Hésiode et des Argonautes, et une chapelle, imitation de Saint-Marc de Venise. Du quatrième côté enfin, s'élève une copie de la Loggia dei Lanzi de Florence, le portique aux Maréchaux, lequel a pour pendant lointain, au bout de la rue Louis, la porte triomphale de la Victoire, *Siegesthor*, un autre fac-simile de l'antique, reproduisant ou aspirant à reproduire l'arc de Constantin, de Rome.

Dans le même quartier, à l'extrémité de la Brienerstrasse, se dresse, en mémoire de l'affranchissement de la Grèce, un portique dorique à double rangée de colonnes, qui date de Louis Ier et des beaux jours de Lola Montès, la fameuse comtesse de Mansfeld, et qui, sous le nom de Propylées, reproduit la porte maîtresse de l'Acropole d'Athènes.

Voici maintenant la place de l'Odéon, avec le palais Luitpold et le bazar; la place Maximilien, avec les statues de Gœthe et de Schiller, l'Académie des beaux-arts, bâtie dans le style renaissance italien, et dont la façade sud avec ses deux ailes mesure 229 mètres de longueur. Voici, côte à côte, les deux musées hors ligne que l'on sait, l'ancienne Pinacothèque, vaste édifice d'un aspect monumental, dans le style des palais romains, et la nouvelle Pinacothèque, une galerie de tableaux modernes. Voici la Glyptothèque, musée de sculpture, qui contient les fameux « marbres d'Égine », et, tout près d'elle, comme pour allier le profane au sacré, la gigantesque brasserie du Lion, *Lœwenbrau*, avec ses spacieuses terrasses étagées et sa belle rampe par laquelle on monte à l'immense *Halle* où ruisselle, aux sons d'un orchestre bruyant, le mousseux breuvage cher aux Bavarois. Citons encore, près de la gare centrale, le palais de cristal; le jardin botanique, l'ancien hôtel de ville, puis le nouveau, et, dans le sous-sol de ce dernier, le restaurant dit *Rathskeller*, illustré de fresques humoristiques représentant l'histoire de la *beuverie.*

Le Marienplatz, la place la plus ancienne de la ville, forme encore aujourd'hui le centre et le cœur de la vie publique. Quelques vieilles maisons y restent debout; au milieu est la *Mariensäule*, ou colonne de Marie, en marbre rouge; là se donnaient autrefois les tournois et les fêtes populaires; là aussi se dressait le gibet, celui-là même où, à la fin du seizième siècle, le Vénitien Marc-Antoine Bragadino fut pendu à une corde d'or.

Quelques édifices du vieil âge ne laissent pas aussi d'être remarquables : telle la vieille *Frauen Kirche* (église Notre-Dame). Avec ses deux tours inachevées (97 mètres) que termine un toit en forme de cloche écrasée, c'est un superbe vaisseau gothique, que je préfère, pour ma part, et à cette basilique de Saint-Boniface, construite, près des Propylées, sur le modèle de Saint-Paul hors-les-Murs, et à cette blanche église de Saint-Louis, également en style roman italien, dont Cornélius et ses élèves ont si fastueusement décoré l'immense nef. Citons également la porte de l'Isar, *Isarthor*, qui s'élève au bout de la rue Maximilien ; c'est un reste des fortifications de la ville au quatorzième siècle ; elle s'appelait en ce temps-là la porte Basse, et ses tours servaient de demeure aux *Stadtzöllner*, surveillants du péage.

Des ponts qui traversent la rivière, le plus long est le pont Louis (104 mètres), le plus beau, le pont Maximilien, à l'une des extrémités duquel est un édifice monumental renfermant une école, le Maximilianeum. N'oublions pas la *Theresenwiese*, prairie de Thérèse, où ont lieu les courses de chevaux. Là, sur une éminence, se dresse le portique de la gloire (*Ruhmeshalle*), long de 67 mètres, avec quarante-huit colonnes doriques, et tout un monde de bas-reliefs au fronton et aux frises des ailes. Au-dedans est encore une statue colossale de la Bavière, *Bavaria*, haute de 19 mètres et reposant sur un piedestal de 9 mètres. Un escalier conduit à l'excavation de la tête, qui peut à elle seule contenir cinq personnes et qui est garnie de bancs de bronze. Et quelle vue les ouvertures pratiquées aux parois de ce crâne gigantesque vous livrent sur la ville et les Alpes!

III

Les Alpes, nous y voici justement; d'un seul bond nous nous trouvons transportés au pied de cette immense forteresse naturelle qui s'étend, sur 300 lieues de longueur en demi-cercle et une largeur variant de 12 à 60 lieues, des frontières sud-orientales de la France à l'Adriatique. Berne, la vieille cité helvétique, est là devant nous avec sa rivière impétueuse de l'Aar, dont il faut d'abord que je vous narre l'épopée.

Elle naît tout là-bas, au fond de l'Oberland, des sommets glacés de cette Grimsel, qui clôt, vous le savez, de sa masse sourcilleuse la poétique région du Hasli. A peine, au sortir de sa grotte cristalline, le *Bach* vagabond commence-t-il à prendre conscience de ses forces, qu'il étonne le monde et conquiert la gloire par un bond épique : c'est sa fameuse chute de la Handeck, qu'il vous faut aller voir, si vous ne l'avez vue. Les témoins de cet audacieux exploit sont, à droite et à gauche, le Gelmerhorn, l'Ælplistock, le Thierælplistock, et autres gardiens rébarbatifs de ce val romantique. Après cette chute en vient une seconde, et, de cascade en cascade, toujours écumante et infatigable, l'Aar se fraye son chemin par le beau défilé de Guttanen.

La voilà tombée de plus de 1 500 pieds; les petits torrents avec lesquels elle s'amusait à caqueter plus haut ne lui suffisent plus ; elle cherche maintenant autour d'elle des compagnons de voyage plus sérieux. Et il lui en vient de tous les côtés, du Gadmenthal, des glaces du Trift, du val d'Urbach. La riante vallée de Meiringen l'accueille ensuite dans son auge de verdure, et là, en cascatelles admirables, lui arrivent de la Grande-Scheidegg et du Hasliberg de nouvelles recrues, le Reichenbach et l'Alpbach. Dès lors l'espiègle enfant de la Grimsel prend des mœurs plus régulières ; les monts du Hasli ont vu ses

BERNE.

dernières voltiges ; elle coule à présent sur un territoire qui lui appartient en propre et dans une vallée qui porte son nom. Pour achever d'atténuer sa fougue, deux immenses lacs vont la recevoir dans leur sein : c'est d'abord celui de Brienz, où l'égayent encore au passage les cabrioles drôlatiques d'un petit frère venu du Schwarzhorn, le Giessbach aux quatorze sauts. Trois lieues durant, elle chemine à travers l'orageux bassin. Autour d'elle cependant, le paysage se dilate en s'éclairant de plus en plus, et la charmante plaine du Bödeli s'ouvre tout à coup à ses flots grossis de ceux des Lütschine. Le temps pour l'Aar de lécher le doux Interlaken, d'enchanter du refrain de sa chanson le vieil Unterseen, et un second lac, celui de Thoune, l'engloutit.

Elle n'en sort pas sans avoir rallié de nouveaux afflux précipitueux vomis par les gorges de l'épais massif berno-valaisan; c'est la Kander, c'est la Simme, qui lui apportent un suprême message du Pays-d'en-Haut ; car chacun de ses pas désormais ne fera plus que l'éloigner de cet Oberland qui l'a vue naître et grandir. De Thoune à Berne, il est vrai, la route, pour elle, est charmante ; la voie ferrée accompagne, à gauche d'abord, puis à droite, les lacets de la frémissante rivière qui coule tour à tour entre les hautes roches, les forêts drues et les claires prairies; mais l'Aar, ici, se sent surveillée. Elle l'est en effet. La main de l'homme a réglé son lit, a opposé maint rempart à ses ondes.

Bientôt elle arrive à Berne. Là, elle retrouve comme un éclair de sa juvénile gaieté et de sa franche humeur. Le site lui plaît. Autour de la sombre cité qui lui doit sa robuste assise, elle avance, recule, se replie, à n'en plus finir. Cinq fois elle oblique vers l'ouest, six fois elle revient du côté du nord, trois fois elle se rejette vers l'est et le sud, sculptant ainsi à sa fantaisie les péninsules originales et abruptes du Münster, de l'Engi et de Baumgarten.

De Berne enfin, jusqu'au Rhin, qui l'attend près de Waldshut, pour la conduire au vaste Océan, l'Aar, belle encore, soutient moins crânement sa fière épopée. Sa fin pourtant n'est point obscure; elle arrose Soleure, elle donne son nom à tout un canton, celui d'Argovie ; elle a de plus, à son confluent avec la Reuss et la Limmat, l'honneur d'unir les deux systèmes fluviaux des Alpes et du Jura, et, ainsi renforcée de ce double apport, elle roule, en arrivant au coude de Coblentz (Argovie) un volume d'ondes supérieur d'un quart à celui du fleuve qui doit l'absorber.

Laissons-la poursuivre sa route au sein du cours d'eau helvéto-allemand dont l'estuaire final est en Néerlande, et retrogradons jusqu'au chef-lieu de la Confédération suisse.

Il y a six siècles environ, Berthold IV de Zähringen, *recteur* de Bourgogne, s'avisant qu'il n'existait entre Bâle et Lausanne d'autre cité *impériale* que Soleure, jeta, sur le promontoire de l'Aar dont j'ai indiqué l'esquisse au lecteur, les fondements d'une ville nouvelle, qui, selon la légende, fut appelée Berne, d'un ours (en allemand *Bär*), occis sur l'emplacement même des remparts. On a, il est vrai, contesté cette étymologie; toujours est-il que, dans un temps où les bêtes vaillantes, l'aigle, le lion et autres, étaient volontiers choisies comme symboles par les puissants, la cité des Zähringen prit un ours pour écusson.

Tout à la fois une place d'armes et une citadelle de la liberté, elle grandit parmi les orages et dans des combats de chaque jour, ayant pour cuirasse une enceinte de murailles soutenant cette plateforme de la cathédrale qu'un historien suisse compare comme ouvrage à celui par lequel le roi Salomon disposa le mont Moriah à recevoir le temple des temples. Brûlée au commencement du quinzième siècle, la ville primitive « à l'âpre écorce et au cœur serré », dit la vieille chronique, fut reconstruite sur un plan plus spacieux, et alors s'élevèrent ces rues à arcades, ces fontaines et tous ces curieux édifices, l'hôtel de ville, l'arsenal, la tour de l'Horloge, le fameux Münster (cathédrale), qui lui donnent aujourd'hui encore son cachet pittoresque et original.

La suite de son histoire est celle même de la Confédération. On sait quels changements considérables s'accomplirent peu à peu au sein des États qui composaient le *Bund*. Tandis que les petits cantons continuaient de se régir plébiscitairement par leurs assemblées (Landsgemeindes), dans les cantons urbains, au contraire, s'affirmait la tendance des gouvernants à s'ériger en caste régnante et à s'affranchir du contrôle populaire : d'un côté, un petit nombre d'hommes enrichis, habitués au commandement, disposant de tout, nominations, ambassades et pensions; de l'autre, la masse des habitants, simples bourgeois, domiciliés, gens de métier, paysans, dépouillés peu à peu de toute part à la confection des lois. A Soleure, à Lucerne, il y avait un « livre d'or », une oligarchie, un patriciat dominant; à Genève, la haute bourgeoisie avait fini par se perpétuer dans les conseils souverains; à Berne, même évolution.

Cette opulente cité, en possession d'un immense trésor, créancière de grandes monarchies, traitait d'égal à égal avec les puissances; Lausanne et le canton de Vaud lui obéissaient, ainsi qu'à Fribourg, en qualité de « pays sujet ». Il fallut la Révolution française pour mettre un terme à cet état de choses. A la fin de 1797, toutes les aristocraties avaient cédé;

seuls, « Messieurs de Berne » résistaient encore, moins par principe que par point d'honneur, quand les troupes du général Brune apparurent (janvier 1798). L'héroïsme des miliciens bernois ne put que sauver, à Laupen, le vieux renom des armes helvétiques. La ville fut contrainte de se rendre, et c'est alors qu'elle se vit dépouillée de toutes les richesses que, cinq siècles durant, elle avait accumulées dans ses murs. Son hôtel de ville, ses caisses publiques, ses arsenaux, tout fut vidé ; les biens même des particuliers ne furent qu'imparfaitement respectés par ces légions du Directoire que, deux années auparavant, Bonaparte avait expressément invitées au pillage des nobles cités d'Italie. Les Français firent main basse jusque sur les pensionnaires à quatre pattes de l'ancien Thiergarten ; tous furent transportés à Paris, y compris ce fameux ours *Martin*, dont on pouvait suivre en ligne directe la généalogie authentique jusqu'au couple de plantigrades que René, le roi de Lorraine, avait donné, au quinzième siècle, à la ville.

Ainsi finit, par une captivité humiliante aux rives de la Seine, l'épopée guerrière de l'ours bernois. Mais bientôt une ère nouvelle s'ouvrit pour lui comme pour la cité de l'Aar, et, en changeant de rôle, messire *Mützli* — c'est, là-bas, le sobriquet du noble fauve, — allait avoir, lui aussi, à modifier ses allures et sa tenue. Promu d'abord en tiers (1815) au rectorat biennal des cantons, puis, bientôt après (1848), honoré de l'unique maîtrise de la république, le voilà enfin parvenu à cette glorieuse hégémonie qui était l'objet de ses ambitions; le voilà devenu, par excellence, la bête fédérale, le personnage officiel et titré devant lequel s'inclinent de bonne grâce jusqu'à l'ombrageuse vache d'Uri et jusqu'au taureau jaloux d'Unterwalden. Aussi voyez que de métamorphoses, correspondant aux phases de fortune de la cité même, présente l'effigie de la bête symbolique ! Sur le plus ancien sceau de Berne, de même que sur les monnaies frappées dès 1218, l'ours figure modestement à côté de l'aigle impériale à deux têtes ; plus tard, l'aigle a disparu, et l'ami *Mütz* est seul à trôner, debout et armé de la hallebarde, sur l'écusson auquel s'enroulent les armoiries de chacun des bailliages. Plus tard encore — Berne croissant toujours en puissance, — l'ours revêt la cuirasse et l'épée, il se campe à cheval sur un canon ; tout en lui respire la force unie au défi, et, d'un air narquois, il laisse pendre sa langue. En revanche, vers le milieu du dix-huitième siècle, quand l'oligarchie a achevé de se constituer, au lieu de l'épée, il porte le sceptre; il a quitté sa pose équestre sur le canon; celui-ci gît maintenant à ses pieds. *Mützli*, de plus, a rentré sa langue, et, non content de cette concession à l'étiquette et aux bonnes manières, il a imaginé de clore son museau, comme s'il posait pour la majesté. Enfin, après 1815, autre transformation encore, mais cette fois pour revenir en arrière, à l'état de simplicité et de nature. Revoici notre ours, tel qu'il sortit, aux temps brumeux de la création, des mains du fabricateur souverain, c'est-à-dire nu, absolument nu, sans épée, sans cuirasse ni sceptre, et, de nouveau, la bouche ouverte, tirant la langue et faisant la risette ; peu d'appendices et pas d'ornements, sauf l'écusson bernois en la main.

Quatre longues artères qui se font suite, les rues de l'Hôpital, du Marché, du Commerce et de la Justice, partagent en deux moitiés à peu près égales la péninsule que découpe à Berne le cours de l'Aar. Vues en plein jour, par un beau soleil, ces vieilles voies marchandes, avec leurs robustes maisons de grès verdâtre, aux balcons renflés, aux toits surplombant de plus d'un mètre, aux murs soutenus par des contreforts inclinés, aux arcades basses dont chaque pilier avec sa voussure semble capable de porter un monde, aux enseignes retombantes, agrémentées d'appendices bizarres, tout cela présente un coup d'œil étrange, un air féodal et gothique, dont l'équivalent ne se retrouverait guère en Europe.

C'est à l'extrémité de la rue de la Justice, près du grandiose pont de la Nydeck, qu'est creusée la fameuse fosse aux ours ; là aussi, à 30 mètres en contre-bas, coule la belle rivière cérulée qui a pris le nom de l'oiseau-roi des montagnes (*Aar*, en allemand poétique, veut dire aigle). Franchissons le fleuve, et engageons-nous par l'écheveau de rampes ombreuses qui escaladent les hauteurs opposées; bientôt nous arriverons à cette poétique esplanade du *Schänzli*, d'où le regard, d'un côté, embrasse le massif entier de la vieille cité, avec son hérissement de tours et de pignons, et, de l'autre, porte jusqu'aux monts de l'Oberland. C'est ici qu'il faut venir, le matin, assister au lever du soleil sur la gigantesque ligne de glaciers. Dès que les premiers rayons de l'astre ont commencé là-bas au sud à faire leur trouée dans le rideau de brumes ondoyantes, les grandes cimes s'éclairent l'une après l'autre. D'abord apparaissent la tête du Mœnch et celle de l'Eiger; puis la blanche Jungfrau à son tour se dépouille de ses voiles nocturnes. Autant en font la Blümlisalp et le Doldenhorn : le tout, silencieusement, presque sans témoins. Le soir, au contraire, lorsque ces mêmes sommités, avant de rentrer au sommeil, se nuancent de mille fauves reflets, et que, du Stockhorn au Schlossberg, l'*alpenglühen* étale ses traînées magiques, cette terrasse-brasserie du Schänzli que nous avons prise pour observatoire est toujours pleine de bruit et de monde. Ainsi que les reines du vieux temps, les fières montagnes de l'Oberland ne se couchent qu'en cérémonie ; il y a cour pour les admirer, et l'orchestre habituel du lieu accompagne et scande de ses harmonies les décolorations successives de leur beau visage pâlissant.

De même que Genève, Bâle et Zurich, mais sans mutiler en aucune façon ses vieux quartiers à l'aspect archaïque, Berne, peuplée aujourd'hui de 50 000 habitants environ, s'est mis à sacrifier aux nécessités et aux goûts modernes. A côté de la cité moyen âge, blottie sur l'étroit plateau de sa presqu'île, a commencé de surgir toute une ville neuve, empreinte de cette élégance factice dont les capitales de l'Europe ont accepté le type monotone. C'est à l'un des sommets du triangle dessiné, du côté de l'ouest, par le cours divergent de l'Aar, que s'élève le nouveau Palais fédéral (*Bundes Rathhaus*). Cet édifice, qui n'a encore que trente ans d'âge, est une vaste construction en pierre de taille dans le style des palais florentins. Tandis que, au revers opposé de la péninsule, l'Hôtel de ville, avec son vaste escalier extérieur et ses fantaisies architecturales, matérialise le passé de Berne et rappelle l'ancienne Confédération, le Palais fédéral, dans son imposante simplicité, en représente la fortune actuelle et symbolise la « nouvelle Alliance » En lui s'affirme, vis-à-vis de l'Europe férocement armée pour les guerres de race, l'union de plus en plus étroite des peuples d'origine si diverse qui ont fini par former la Suisse, et qui continuent à vivre d'accord, en dépit de mainte disparate, par la simple vertu de la liberté et la mutualité du respect. Les citoyens, qui s'assemblent dans l'enceinte de ce palais du *Bund* pour y conférer des affaires publiques, ne parlent pas tous la même langue; il leur faut le secours d'interprètes et de traducteurs pour donner aux débats législatifs leur utilité et leur unité; mais qu'importe? La solidarité nationale ne repose pas ici sur la conformité matérielle du sang et de l'idiome, elle repose sur quelque chose de plus haut, sur la communauté d'intérêts et de souvenirs, sur la jouissance collective des mêmes droits et des mêmes franchises, sur les termes clairs d'un contrat librement passé entre hommes libres.

Devant le palais se dresse une fontaine surmontée d'une image en bronze doré de la ville; sur la façade sont huit statues de Bernois célèbres. La galerie de tableaux occupe quatre salles au troisième étage; peu de toiles, mais presque toutes remarquables. La nature elle-même est ici la grande inspiratrice de l'homme et de l'artiste. Montez sur la terrasse qui couronne l'édifice : quel panorama! Au sud, par delà l'Aar, cette chaîne sévère des hautes Alpes dont je vous ai ci-dessus donné la vision; en deçà, projetée jusqu'au Gurten, la traînée gracieuse des avant-monts couverts de pâtis et de forêts. Tournez-vous : la scène change. La région qui se déroule du côté du nord vous présente les noms historiques de Neueneck, de Laupen, de Grauholz, évoquant ainsi de toutes parts le souvenir des batailles livrées pour la liberté dans l'intérieur de cette redoute dont le plateau de Berne est le centre, et dont trois rivières communiquant ensemble, la Singine, la Sarine et l'Aar, forment le fossé naturel.

CHAPITRE VI

De Venise à Turin par Milan.

I

Tardivement unifiée, comme l'Allemagne, l'Italie a gardé, elle aussi, de son long morcellement politique, je ne sais combien de capitales déchues qui lui figurent au front comme une traînée d'auréoles pâlissantes. Comptez les villes reines de la Péninsule qu'a découronnées le sort, ennemi des souverainetés qui durent trop : Venise, Milan, Turin, Gênes, Florence, Pise, Naples, — je ne prends que celles qui ont laissé un sillon d'une certaine profondeur dans l'histoire. Ne dirait-on pas autant de princesses descendues, sur le déclin de l'âge, au rang de simples suivantes, et qui se consolent de leur humble rôle à force d'abnégation et de bon sens? Dans cet effacement volontaire, quelques-unes paraissent avoir puisé des vertus nouvelles de reviviscence; on les croyait au soir de leur vie, et voilà que, par une étrange alchimie, elles ont l'air de reprendre une seconde jeunesse et s'apprêtent à courir derechef la carrière. D'autres, au contraire, montrent tous les signes d'une caducité sans remède, et semblent tout au plus appelées à végéter au jour le jour en ruminant dans une douce quiétude les souvenirs brillants du passé.

Venise ne serait-elle pas de ces dernières? A la voir s'égruger pièce à pièce au sein de ses lagunes silencieuses, on ne serait que trop tenté de le penser.

Pour le voyageur venant de Padoue, la banlieue vénitienne commence aux rivages mêmes de la Brenta, le cours d'eau sur les bords duquel les riches patriciens de la république avaient jadis leurs villas de terre ferme, et où l'on vient encore, en été, chercher la fraîcheur et l'ombre, à l'abri des féroces moustiques de l'estuaire. Bientôt arbres et prés disparaissent; le paysage d'alentour prend une couleur terne ; on touche à l'embranchement de Mestre (*Maestra*), puis l'on s'engage sur le pont-viaduc, de 4 kilomètres de longueur, dont les deux cent

PLACE SAINT-MARC, A VENISE.

vingt-deux arches relient Venise au continent. A marée haute, on ne voit que de l'eau ; à marée basse, au contraire, d'innombrables bancs de sable et de vase émergent de la nappe liquide d'alentour. Huit minutes après, on s'arrête en gare, à l'extrémité ouest du Grand-Canal, près de l'église des Scalzi.

Là on prend une barque, une gondole, voire un de ces steamers-omnibus, récemment inaugurés à Venise, et l'on file doucement par ce Grand-Canal, qui se développe en deux immenses courbes, de Santa Chiara au pont du Rialto, et du pont du Rialto à la place Saint-Marc. A ce point final du parcours, la voie d'eau centrale s'élargit tout à coup et débouche dans un vaste bassin qui s'étend à perte de vue jusqu'à ce rempart du Lido derrière lequel frémit la mer libre. A votre droite, vous apercevez par delà les coupoles de la Salute un long massif de terrain arqué que termine l'îlot de Saint-Georges-Majeur : c'est la Giudecca. A votre gauche, s'offre un perron de marbre blanc : c'est l'escalier menant au Môle et à ce délicieux vestibule de la place Saint-Marc qui s'appelle modestement Piazzetta (Petite-Place). Plus loin, du même côté, se déroule la ligne mollement infléchie du quai des Esclavons, au bout duquel verdoie le Giardino ou Jardin public. La rive entière fourmille de monde; la nappe d'eau est couverte de gondoles et de navires qui se balancent sur place ou qui s'en vont, là-bas, tout au bout du bassin, par la route que suivait autrefois le *Bucentaure*, chercher les passes mystérieuses menant aux orages de l'Adriatique.

Telle est la première impression pour le touriste fraîchement débarqué. Voulez-vous tout de suite — car nos moments de flânerie sont comptés — embrasser d'un coup d'œil circulaire le panorama entier de la cité? Procédons, comme nous l'avons fait pour Amsterdam, la Venise hollandaise; gravissons la rampe qui conduit au sommet du campanile de Saint-Marc.

La voilà, à 99 mètres au-dessous de vous, cette ville unique et étrange, avec ses cent vingt îlots, ses quatre cents ponts ou passerelles, ses trente mille palais ou maisons, ses deux mille ruelles et son hérissement de flèches, d'aiguilles, de dômes et de campaniles. Vous remarquez tout de suite que cette « république de castors », comme Gœthe la nommait plaisamment, émerge d'un bassin intérieur de 9 kilomètres à peu près de longueur sur 3 ou 4 de large, que clôt du côté de la pleine mer une digue naturelle formée d'une suite de bancs de sable, touchant presque à la terre ferme par ses extrémités nord et sud, et troués de chenaux fortifiés par lesquels passent les navires; ce sont les *lidi*. C'est cette enceinte marine, au milieu de laquelle repose, comme un vaisseau à l'ancre, l'ex-cité sérénissime des doges, que l'on désigne sous le nom de *lagunes*. La lagune *vive* est la partie de l'estuaire la plus rapprochée de la haute mer et où le flot est le plus sensible; la lagune *morte* est celle qui s'étend sous la côte et où l'onde, beaucoup moins courante, délaye le sol palustre en amas fangeux qu'on appelle *barene*.

Le point le plus vivant de l'agglomération insulaire, c'est cette radieuse place San Marco, que nous avons immédiatement sous nos pieds, et à l'un des angles de laquelle se dressent les deux grands monuments historiques de Venise, le palais ducal, cette merveilleuse guipure de pierre imitée de l'Alcazar de Bagdad, et la splendide basilique byzantine à cinq coupoles, toute ruisselante d'or au dedans, qu'ont littéralement enrichie les dépouilles artistiques du monde. Le pont des Soupirs, dont on connaît la lugubre légende, attient par derrière au palais des doges. Au fond de la place, sous la tour de l'Horloge, s'amorce la principale rue de Venise, la *Merceria* ou rue du Commerce; toutes les autres voies ne sont que d'étroits boyaux ou de simples passages, suffisant tout juste à séparer deux pâtés de constructions ou à ménager une sorte de quai au bord des rios sur lequel presque toutes les maisons ont leur façade à perron.

Voulez-vous maintenant, toujours sans bouger de votre observatoire, faire le tour entier de la ville en partant du Môle pour y revenir? Rien de plus facile. Des bouquets de platanes et de chênes entrecoupés de haies et de parterres (*Giardino*), où nous conduit le quai des Esclavons, nous remontons brusquement vers le nord, en laissant à main droite l'îlot de Saint-Pierre du Château, le dernier groupe urbain de ce côté, et nous arrivons au fameux Arsenal. Jetez un regard à l'énorme enceinte toute pensive, avec ses fonderies, ses chantiers, ses bassins, où se forgeaient jadis les victoires de la reine de l'Adriatique, et, de là, infléchissez vers la gauche. Nous voici sur la longue ligne des Quais-Neufs (*Fondamenta Nuove*), par lesquels nous gagnons le quartier du Cannareggio, ainsi appelé des *cannes* ou roseaux qui y croissaient primitivement. De cette région morne et solitaire, où se trouve l'ancienne Juiverie de Venise, le *Ghetto*, nous revenons au sud-ouest vers le Grand Canal, que nous franchissons près de l'île Sainte-Claire, au-dessous de la gare, pour atteindre le Champ de Mars et la pointe de Sainte-Marthe (*Punta di Santa Marta*). Là s'ouvre derechef devant nous le vaste canal de la Giudecca, magnifique port auquel manquent, hélas! les navires. Cette large voie d'eau sépare le groupe principal des îlots vénitiens des îles Giudecca et Saint-Georges susnommées, sortes de faubourgs maritimes de la ville du côté du sud. Quelques coups de rame encore, nous revoilà près de la Piazzetta, et il ne nous reste plus, pour compléter notre notion de l'estuaire, qu'à faire un rapide voyage aérien aux terres suburbaines dont sa nappe est semée, et qui apparaissent à distance comme autant de sentinelles perdues surveillant les abords de la grande cité.

Ce sont d'abord, au sud, dans le canal, ou, mieux, le chenal Orfano, de sinistre mémoire, l'îlot-hôpital de San Cervolo, celui de San Lazzaro, avec son couvent dont le clocher oriental se détache de loin sur les flots, et le banc plus terne de San Clemente; ce sont ensuite, dans le canal San Spirito, l'île du même nom, le *lido* de Malamocco, d'où part la fameuse digue, achevée en 1840, qui protège une des passes d'entrée du bassin; puis le littoral de Pelestrina, où commencent les massives murailles en pierres d'Istrie (*murazzi*), qui s'étendent sur plus de 4 kilomètres de longueur; enfin, à l'extrémité sud de ce rempart protecteur des dunes, c'est-à-dire à 22 kilomètres de Venise, on atteint l'île de Chioggia et la ville du même nom, le deuxième grand havre de l'estuaire, une sorte de Venise en raccourci, reliée vers l'ouest à la terre ferme (plage de Brondolo) par un pont de quarante-trois arches au-dessous duquel se trouve l'embouchure de l'Adige.

A la partie septentrionale du bassin essaime un autre archipel composé d'une demi-douzaine d'îlots : San Michele, qui, avec San Cristoforo qui y attient, forme le cimetière de Venise; plus loin, à une demi-heure du Môle en gondole, Murano, si célèbre jadis par ses trois cents fabriques de verrerie, réduites de nos jours au nombre de quinze, et par ses poétiques bosquets, remplacés à présent par de vulgaires plants de légumes; enfin, disposés en une sorte de triangle, au milieu de l'onde orangée, Mazorbo d'abord, puis Burano, l'île dentellière autrefois sans rivale, et, tout au fond de l'estuaire, la solitaire Torcello, où Attila, dit-on, vint s'échouer, il y a quatorze siècles déjà.

Tel est, abstraction faite de la vue lointaine des monts du Padouan, du Vicentin, et des pics neigeux de la chaîne alpestre, le cadre lumineux et mélancolique à la fois de la ville du Titien et de Véronèse.

Comment l'amas d'îlots boueux où se réfugièrent, au temps des barbares, les populations des districts de terre ferme limitrophes, devint-il l'agglomération féerique de palais, d'édifices et d'églises que nous venons de contempler du clocher de Saint-Marc? on n'a pas à le raconter ici, et l'histoire en est d'ailleurs bien connue. Ce qu'il faut

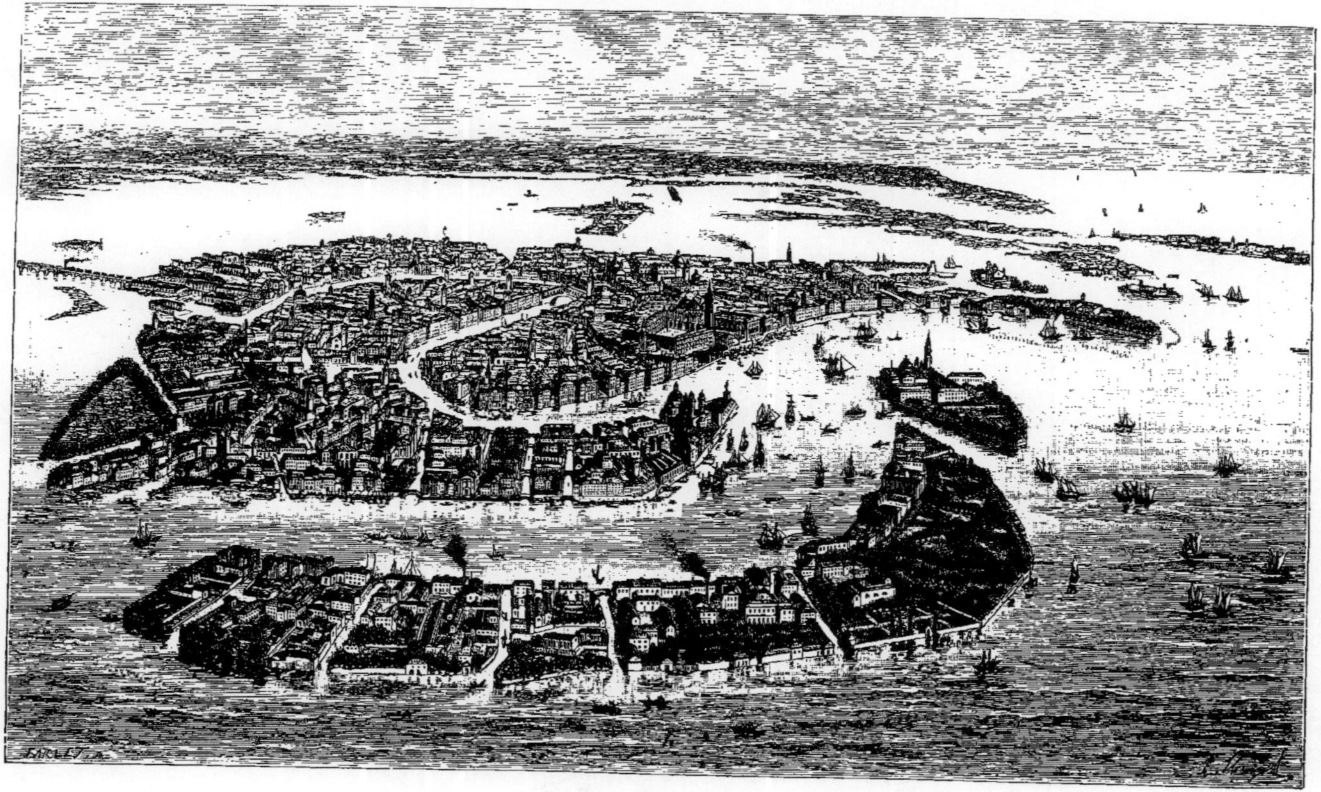

VENISE.

rappeler en passant, c'est que l'œuvre d'assèchement et de consolidation des terrains, le travail d'aménagement des lagunes, d'amélioration ou de creusement des canaux, se poursuivit des siècles durant; on dut, en quelque sorte, pétrifier jusqu'aux vagues mêmes dont les morsures affouillaient et affouillent encore ce tas emmêlé de croulières. Ce fut, comme à Amsterdam, le triomphe du chevalet et du pilotis. Le pont du Rialto exigea douze mille pieux; la Salute repose sur plus d'un mil-

ARSENAL DE VENISE.

lion de palis; le viaduc de Mestre a pour soutènement quatre-vingt mille madriers massifs. Force fut de dénuder pour cette tâche d'Hercule toutes les pentes des monts d'alentour, d'extirper tous les troncs des Alpes Juliennes, de spolier de leur massif de ramures tous les bois de l'Istrie et de la Dalmatie.

Après avoir vécu tout d'abord de l'exploitation des salines et de la pêche, les habitants de ce dédale aquatique se lancèrent au loin sur la mer. Alors furent construites ces grandes flottes qui firent de Venise la souveraine de l'Adriatique, la maîtresse de tout le trafic levantin;

alors aussi, pour protéger cet immense commerce, naquirent ces escadres redoutées qui surveillaient sans cesse les parages où voguaient les vaisseaux de la république. Cette puissance mercantile et guerrière eut son apogée au quinzième siècle; la découverte de l'Amérique et de la route des Indes par le Cap vint lui porter le premier coup; puis les longues luttes contre le Croissant achevèrent de ruiner la cité insulaire dont l'empire s'était un moment étendu de l'île de Chypre aux gorges du Tyrol.

Bien que rendue enfin à la liberté, Venise, je l'ai dit, n'en paraît pas moins déchue à jamais. A peine si elle compte 130 000 habitants. Ne cherchez point en elle ces transformations de l'ordre moderne que présentent la plupart des grands centres de l'Italie, et par où s'affirme, sinon le goût, du moins la vitalité d'une cité. Venise, d'ailleurs, par son assiette même, ne saurait ni se transformer ni s'accroître. La mer seule avait fait sa fortune, et la mer semble l'abandonner. Tout près d'elle, en revanche, au fond de cette même Adriatique, à laquelle les doges jetaient autrefois leur anneau nuptial, a grandi une ancienne bourgade d'Illyrie, maîtresse aujourd'hui de tout le golfe : c'est Trieste. On sait avec quelle attention jalouse Venise, durant tout le moyen âge, surveilla cette humble voisine, s'efforçant d'en entraver le trafic, et la gouvernant dictatorialement par ces *podestats* que le lion de Saint-Marc déléguait dans toutes les régions sujettes. On eût dit que l'ombrageux patriciat des lagunes pressentait la grandeur future de ce petit havre vassal. Les destinées ne s'en sont pas moins accomplies. L'altière suzeraine a perdu sa puissance; ses dômes mauresques, ses palais dorés, étincellent toujours sous le ciel d'azur; l'immense salle du palais ducal a gardé les fresques éblouissantes où tous les magiciens de la couleur, les Giorgione, les Titien, les Véronèse, les Tintoret, ont figuré en une suite d'apothéoses symboliques la double épopée, neptunienne et terrestre, de la cité de Marino Faliero; mais, dans son manteau écarlate et sa robe brodée de lis d'or, la blonde déesse de l'estuaire n'est plus, au demeurant, qu'une momie. La domination de la plaine marine a passé tout entière à ce port de Trieste, siège du fameux *Lloyd* autrichien qui couvre de plus en plus de ses flottes le bassin de la Méditerranée, dont les paquebots ont été les premiers, après le percement de l'isthme de Suez, à s'élancer sur les eaux de la mer Rouge jusqu'au lointain détroit de la Sonde, et qui a pour devise ces mots expressifs : « Qui n'avance plus, rétrograde. »

II

La plaine lombarde, jadis un golfe de l'Adriatique, est un vaste terrain d'alluvion, formé des débris de toute sorte arrachés aux flancs des montagnes par les fleuves et les ruisseaux torrentueux qui descendent de l'hémicycle alpestre. Nulle contrée de l'Europe, à part la Hollande, n'a été, plus que celle-ci, façonnée et pétrie par les eaux. Aussi, sous peine de la vie, les Lombards, comme les Néerlandais, ont-ils été de bonne heure obligés de se faire ingénieurs et hydrauliciens. Il leur a fallu, non seulement endiguer et discipliner par un gigantesque système de levées ces « ondes intérieures » qui menaçaient leur sol, mais encore ramifier, à l'aide de canaux et de fossés d'écoulement, les rivières et ruisselets aux rives plates qui à chaque instant changeaient de direction, fécondant ou dévastant le pays. Et ils ont si bien réussi dans leur œuvre, qu'il semble impossible de rien ajouter ni à l'ensemble de digues protectrices qui s'opposent aux retours offensifs des eaux, ni au réseau artificiel de rigoles qui sillonnent la vallée arrosée par le Pô et ses affluents. Le moindre courant est devenu ainsi partie constituante d'un complexe outillage d'exploitation qui produit le maximum de rendement; nulle part la glèbe n'est fertilisée d'une façon plus savante ; sur un sol divisé presque à l'infini, c'est le triomphe quasi surhumain de la bêche et de la charrue, le dernier mot du perfectionnement en fait de jardinage et de culture.

Au centre même de cette grasse région, au débouché des deux lacs Majeur et de Côme, s'élève l'ancienne capitale de la Gaule Cisalpine, la riche et industrieuse Milan, dont la population totale, y compris sa banlieue de faubourgs, atteint presque 400000 âmes.

On a dit avec raison de *Milano* qu'elle n'est qu'à demi italienne. Le voyageur qui y arrive de Venise, de Padoue, de Vicence, de Vérone, s'aperçoit tout de suite qu'elle n'a point le caractère topique de ces autres localités d'outre-monts. C'est une cité essentiellement moderne, et qui chaque jour se modernise davantage. Elle a pourtant plus l'air d'une « grande ville » que Gênes, le puissant port ligurien, et que Rome même, la capitale officielle. Elle est aussi plus animée que Florence, qui, depuis que l'ambulante cour de Savoie a fourni sa dernière étape au midi, semble retombée dans une douce indolence.

D'où lui vient cette vitalité persistante? La politique ne l'a pas moins maltraitée que les autres villes de la péninsule; peut-être même est-elle la cité d'Italie qui a le plus travaillé et souffert pour la cause de l'indépendance nationale. Elle n'a pas subi, pour son compte, moins de trente sièges, et, à part l'essor de puissance dû par elle, dans le onzième siècle, à ce mouvement d'affranchissement des « communes » qui enfanta de si terribles discordes intestines et les luttes fratricides que l'on sait, elle n'a pas cessé de subir le joug de l'étranger; sauf un intervalle de dix ans, de 1805 à 1815, elle n'a vécu qu'à l'état de vassale. Mais d'autres causes plus intimes ont assuré, malgré tout, le développement de sa propérité. Des grands fleuves de la plaine lombarde, aucun ne passait sous ses murs ; elle les a forcés néanmoins de la servir par un ingénieux système de canaux. A l'aide du *Naviglio Grande,* elle a fait sienne l'artère du Tessin; au moyen de la *Martesana* et grâce à Léonard de Vinci, elle s'est emparée des eaux de l'Adda ; enfin, par le canal de Pavie, elle a conquis la grande voie du Pô.

La ville s'étale à l'aise dans la plaine. Les vieux remparts ont fait place à une large ceinture de promenades formées d'allées de châtaigniers et de platanes, vers lesquelles s'épandent les nouveaux quartiers. Même la partie centrale, composée d'îlots triangulaires groupés autour de la place des Marchands, n'a, je le répète, rien d'archaïque ni de féodal. Les incendies et les sacs ont détruit le noyau primitif de la cité, aussi bien que les anciens monuments; le faste des Visconti et des Sforza a fait le reste. Milan est donc, par excellence, la ville des larges corsos. De la place du Dôme rayonnent dans toutes les directions des artères élégantes et spacieuses. Les constructions qui les bordent ne sont pas toutes des chefs-d'œuvre au point de vue architectural; le devis n'en a point exclusivement été fait par des Bramante et des Palladio ; cependant le cours Victor-Emmanuel, avec ses maisons si diverses d'aspect, a vraiment une couleur *sui generis.*

Le principal édifice est le Dôme, cette merveilleuse ciselure de mar-

bre et de granit dont, pendant plus de quatre cents ans, tous les maîtres de l'œuvre de la Péninsule ont fouillé et découpé à l'envi les bossages. Certes, dans ce gigantesque bijou, les disparates de style ne manquent pas ; l'unité, si l'on veut, fait défaut à l'ensemble ; mais quel fini dans le

CATHÉDRALE DE MILAN.

détail ! quelle richesse incroyable de festonnements et de décorations ! que d'escaliers ! que de terrasses ! et quelle prodigieuse futaie de tourelles, d'aiguilles, de flèches, de statues, pointe et s'échelonne autour de cette pyramide centrale dont le svelte élancement est une joie pour les yeux !

Une autre curiosité de Milan, dans un genre moderne et tout différent, c'est cette immense galerie Victor-Emmanuel qui fait, depuis une vingtaine d'années, communiquer la place du Dôme avec celle de la Scala. C'est, sans contredit, le plus grandiose des passages vitrés existant en Europe, une véritable rue couverte. Tout sans doute ne s'y agence pas d'une manière harmonieuse ; il y a quelque chose de heurté dans la disposition de cette coupole médiane, haute de plus de 50 mètres, où chaque jour une petite locomotive allume dans sa course aérienne la guirlande de becs de gaz circulaire qui projette instantanément ses feux sur les éblouissantes devantures des cafés et des magasins ; mais quel admirable promenoir pour les oisifs et les étrangers,... si tous les vents de l'horizon n'y soufflaient trop volontiers en rafale !

En dehors de sa cathédrale, Milan compte des églises innombrables. Deux surtout, Saint-Ambroise, la basilique du quatrième siècle où les rois d'Italie recevaient le diadème, et Sainte-Marie des Grâces, près de la porte de Magenta, méritent une mention dans ce bref aperçu.

III

Des rues de Milan, la cité de plaine, on ne voit rien de ce grand mur alpestre qui entoure de sa ligne demi-circulaire la région nord de la péninsule ; pour en discerner le massif étincelant, il faut prendre la peine d'escalader la plate-forme de la cathédrale. De Turin, au contraire, la ville piémontaise sise à l'issue même de l'écheveau, au débouché du gigantesque tunnel percé à travers le col de Fréjus, on a le plaisir d'apercevoir les grandes cimes de glaces et de névés vers lesquelles montent en gémissant et haletant, machine devant et machine derrière, les trains à destination de Modane. Et ces pans de monts chenus qui se profilent à l'extrémité des longues et larges rues à portiques, entre la Dora et le Pô, font à l'ex-capitale du ci-devant royaume de Sardaigne un majestueux décor d'arrière-plan qui défie toutes les concurrences de l'art.

Bien que Torino existât déjà du temps d'Hannibal, lequel le brûla même au passage, il est cependant, avec Milan et Alexandrie, la cité la plus neuve d'aspect de la Haute-Italie. Bâti tout en briques rouges,

TURIN.

sur un dessin d'une régularité géométrique, il n'offre point l'ombre d'une saillie archaïque ni d'une disparité pittoresque. De ruines romaines, pas la moindre. Tout, ici, places, châteaux et palais, raconte exclusivement les annales de la maison nationale de Savoie, depuis l'époque où ces princes, favorisés entre tous par le sort, descendirent des gorges de la Maurienne dans les fertiles plaines du Piémont. Nulle autre ville d'Europe, pas même ce chef-lieu de la marche de Brandebourg dont j'ai ci-dessus esquissé l'histoire, ne s'est à ce point incarnée dans une dynastie.

Cependant le départ de la cour et de tout son attirail officiel ne l'a nullement fait déchoir. Que dis-je ? depuis plus d'un quart de siècle que les héritiers de Victor-Amédée, le fondateur de la monarchie sarde, s'en sont allés là-bas au midi, à Florence d'abord, puis à Rome, établir leur siège gouvernemental, en ne laissant derrière eux, aux rivages du Pô, que leurs tombeaux de la Superga, le chiffre des habitants de Turin n'a cessé de s'accroître, et aujourd'hui il atteint presque à 300 000 âmes.

C'est que le Turinois n'est rien moins qu'un rêveur. Est-ce l'air âpre et vif des montagnes qui, sans relâche, le tient en haleine et le prédispose à l'action? Toujours est-il que, dès les premiers pas que l'on fait dans ces rues de coupe uniforme, mais pleines de mouvement et de vie, on sent que l'on a affaire à une population énergique et alerte, qui entend pousser elle-même sa fortune, sans compter sur la faveur des souverains. Sise d'ailleurs au confluent de deux superbes rivières, le Pô, qui descend des neiges du Viso, et la Doire Ripaire qui a sa source au mont Genèvre, au point où convergent tous les grands chemins traversiers des Alpes depuis le Mont-Blanc jusqu'au col de Tende, Turin a été de tout temps un centre naturel de commerce et d'immigration, un *emporium* tout désigné pour le transit d'un versant à l'autre. Un réseau complet de voies ferrées l'unit, d'une part, aux vallées piémontaises qui s'enchevêtrent d'Aoste à Coni (*Cuneo*), et, de l'autre, à Savone et à Gênes, par Cherasco et Alexandrie. Le Pô, il est vrai, n'est plus, comme il l'était au temps de Pline l'Ancien, navigable à partir de Turin; en revanche, en amont même de la ville, il semble déjà vouloir justifier son vieux nom de *Bodincus* (sans fond), car sa tranche liquide y a une épaisseur de près de 3 mètres, et presque nulle part on n'y trouve de gué. A Turin même, à l'altitude de 137 mètres, il mesure 160 mètres de largeur; 48 kilomètres plus loin, au confluent de la seconde Doire, la Dora Baltea, qui descend d'Aoste, sa nappe atteint un développement de 250 mètres, qui se double, ou peu s'en faut, après sa jonction avec le Tessin et l'Adda.

Les églises de la ville, au nombre de cent dix, n'offrent pas, à beaucoup près, autant d'intérêt artistique que celles de mainte autre cité de la Haute-Italie; cependant la chapelle Sainte-Marie, la cathédrale, la Consolata, San Lorenzo, et sur la rive droite du Pô, non loin de ce couvent des Capucins du Mont, qu'escalade absolument à pic un wagon de système funiculaire, la Mère de Dieu (*Madre di Dio*), méritent une visite du touriste, aussi bien que le palais de l'Académie des sciences, où se trouvent les grandes collections et musées.

CHAPITRE VII

De Florence à Naples par Rome.

I

Des froides plaines du Piémont, qu'encadrent les Alpes, aux chauds rivages de la mer Tyrrhénienne, qu'estompe la chaîne de l'Apennin, sorte d'épine dorsale de la péninsule, la transition est complète, au point de vue de la flore et du site. A la fraîche nature du septentrion succède, dès qu'on a franchi la grande déchirure du col de Giovi entre Gênes et Turin, des floraisons d'un coloris et d'une sève tout autres : les arêtes de montagnes sont plus sèches, plus harmonieuses, quasi sculpturales. Nous sommes dans la région maritime, où l'olivier au feuillage argenté contourne à plaisir, sous le ciel bleu, son tronc fissuré et noueux, où le pin pignon étale en manière de parasol son ample couronne de branches terminales, où l'aloès rigide et le cactus s'élancent, parmi les massifs d'orangers et de citronniers, de toutes les fentes de la roche aduste. C'est la splendide *Riviera* ligurienne avec ses deux côtes en arc de cercle, sa double corniche du Ponant et du Levant, qui se développe depuis l'éperon de Vintimille jusqu'au radieux golfe de la Spezzia. Puis, passé le cours de la Magra, les sites changent encore une fois ; on quitte le territoire génois pour entrer dans le riant jardin de la Toscane, qu'arrose le fleuve Arno, et au centre duquel est Florence.

Encore une ex-capitale descendue au rang de simple chef-lieu de province, un chef-lieu de 150 000 âmes; encore une cité dont les « métiers » et le négoce avaient commencé par faire la fortune, et que les factions politiques ont ruinée. Du moins a-t-elle gardé, comme Venise, un riche héritage de trésors artistiques qui lui assure un éternel rayonnement. Nul peuple au monde, après l'Athénien, n'a eu, plus que le Florentin, le sentiment et le culte du beau; si l'âge des Michel-Ange est bien loin, le Florentin n'a pas cessé d'admirer et de vénérer en sa ville le haut goût et l'intelligence de ses aïeux, ces hommes de si fine race, dont il se flatte, aujourd'hui encore, de n'avoir pas trop dégénéré. Aussi, au mois d'avril 1859, quand le dernier grand-duc de Toscane, devant l'unité italienne qui se levait, ordonna au commandant de la forteresse du Belvédère de pointer ses canons sur la ville de Dante et des Médicis, l'officier répliqua-t-il brièvement : « On ne tire pas sur Florence. » Ce soldat-là n'était pas de la famille des Mummius. Des bastions de la rive gauche de l'Arno, en vue du palais Pitti et des Offices, il avait senti, mieux que Sylla sous les murs d'Athènes, qu'il est, sous le soleil, des cités à part, de glorieux sanctuaires de l'art qui sont le patrimoine de l'humanité tout entière, et contre lesquels un barbare seul oserait brandir un glaive sacrilège.

La majeure partie de Florence, y compris les vieux quartiers et les principaux monuments, sauf le palais Pitti susnommé, occupe la rive droite du fleuve. Ce que la place San Marco est à la ville des lagunes, la place de la Seigneurie l'est à la cité de l'Arno. Toute l'histoire de la démocratie florentine et du principat des Médicis revit sur ce noble forum en un groupe d'édifices hors ligne : le sévère et massif Palais-Vieux, jadis le siège du gouvernement, la fontaine de Neptune, la Loggia dei Lanzi avec ses arcades combles de chefs-d'œuvre de marbre et de bronze, et le palais-musée des Offices. De là jusqu'à la place où se dresse ce fameux dôme de Sainte-Marie de la Fleur, dont la coupole proclame à jamais le génie de Brunelleschi, et dont les Florentins, en 1888, ont célébré avec tant de solennité l'achèvement, s'étend le quartier archaïque et central, avec ses rues demeurées étroites et tortueuses comme au temps des Gonfaloniers, ses imposants *palazzi* à bossages extérieurs et à *loggie*, où demeuraient les gros marchands et les familles nobles, et ses *botteghe* si originales. Là est le Vieux-Marché (*Mercato Vecchio*), près duquel se concentrait jadis le commerce du

FLORENCE.

change (*cambio*). C'était la Bourse du temps. Sous les galeries couvertes des maisons d'alentour se discutaient les questions de trafic et le taux de l'intérêt, se fixait le prix des denrées, se réunissaient, pour attendre leur tour d'audience, les facteurs ou agents des compagnies de négoce venus de tous les pays de l'Europe.

Là aussi se dresse, avec sa superbe halle de la Renaissance et sa fontaine du Sanglier, le Marché-Neuf (*Mercato Nuovo*), où se remisait ce fameux *Carroccio*, qui était comme le *palladium*, l'image ambulante de la ville, et précédait les milices au combat. Des rues aux noms significatifs y rappellent toutes les industries qui firent la fortune de Florence, rue des *Cimatori* ou tondeurs de draps, rue des *Tintori* ou teinturiers, des *Veluti* (velours), *della Seta* (de la soie), avec leurs boutiques vieilles de six cents ans. Citons également l'antique tour massive et crénelée, portant à sa face un mouton blanc sur champ vermeil, où résidaient les « prieurs » de la laine.

Et les églises, qui n'en connaît, au moins par ouï-dire, les splendeurs? San Michele *in orto*, San Lorenzo, où Michel-Ange a sculpté ses fameux tombeaux des Médicis, Sainte-Croix, l'Annonciade, Sainte-Marie-Nouvelle, etc., à quoi bon en refaire le dénombrement? Tout ici parle d'art au touriste; chaque pas évoque en son esprit un souvenir grandiose du passé. Voici le Ponte-Vecchio, tel qu'il était au quatorzième siècle, avec sa même bordure de boutiques aux vitrines garnies de bijoux, comme au temps des grands orfèvres florentins. Rue Saint-Julien, derrière Santa Croce, voici la *casa* de Buonarotti, le farouche et sublime créateur dont Rome et Florence se partagent les œuvres, comme elles se sont partagé sa vie; rue de la *Costa*, contre la forteresse même du Belvédère, voici la maison où vécut Galilée; ailleurs, on vous montrera celle de Machiavel, l'illustre historien-diplomate, celle de Benvenuto Cellini, ce roi des orfèvres qui fut en même temps graveur et statuaire; puis la petite maison de Dante, dont l'ombre, du reste, à Florence, se détache pour ainsi dire de chaque mur, vous arrête à chaque tournant de rue, pour vous raconter à nouveau la terrible épopée vengeresse, mélange grandiose de sacré et de profane, qui s'appelle la *Divine Comédie*. Tout là-bas, enfin, au nord de l'Arno, sur le penchant d'une colline au-dessous de la vieille cité de Fiésole, une petite villa cachée dans la verdure vous rappellera le grand nom de Boccace : c'est le logis où se réunissait la société mise en scène dans le *Décaméron*.

Voulez-vous maintenant contempler l'ensemble panoramique de Florence ? gravissez les hauteurs de San Miniato, au sud-est. De la dépression doucement évidée au milieu de laquelle l'Arno coule, encadré de quais monumentaux, pour gagner à l'ouest la fraîche promenade des *Cascine*, vous voyez la ville monter en s'étageant sur les pentes revêtues d'oliviers. En bas, l'amas pressé de maisons et de palais d'où se détachent magnifiquement en relief les campaniles, les tours et les dômes; en haut, les coteaux riants, les plateaux fleuris semés de villas et de parcs princiers, au-dessus desquels apparaissent des sommets aux contours moins précis, et enfin, tout à l'arrière-plan, les cimes bleuâtres de l'Apennin.

II

Non loin de Florence, à l'est, se dresse un massif de l'Apennin, haut de 1,600 mètres en moyenne, et composé de trois murailles distinctes, les monts de la Lune, ceux de Catenaja, et le contrefort du Prato Magno. C'est dans les brèches de ce relief, à 1,300 mètres environ d'altitude, que le Tibre et l'Arno prennent naissance, à une trentaine de kilomètres l'un de l'autre. Jusqu'aux abords d'Arezzo, les deux fleuves jumeaux coulent parallèlement; puis, au sortir des hauts défilés, ils se séparent brusquement. Tandis que l'Arno infléchit au nord-ouest, le Tibre, lui, continue sa marche au midi et pénètre dans la plaine ombrienne. Au-dessous de Spolète cependant, il oblique à son tour du côté du couchant, comme s'il voulait se frayer un chemin raccourci vers la mer; mais cette déviation de son cours dure peu; non loin d'Orvieto il est de nouveau refoulé vers le sud par l'afflux de tributaires importants qui l'obligent à gagner l'ex-pays des Véiens pour passer au pied du classique Soracte, et atteindre bientôt la Ville Éternelle.

Là ses ondes, déjà gonflées par le flot de marée qui monte d'Ostie, contournent en deux grandes boucles, longues ensemble de 4,500 mètres, l'ancien Champ de Mars et les sept collines, pour aller enfin, à

4 lieues plus en aval, se perdre dans la mer Tyrrhénienne, après un trajet total de 397 kilomètres.

Arrêtons-nous à ce vaste circuit, théâtre de l'épopée du fleuve-roi.

C'est sur l'un des coteaux de sa rive gauche (le Palatin), au-dessus du marécage du Vélabre et de l'étroit vallon qui devait par la suite devenir le Forum, que s'éleva, il y aura bientôt 2700 ans, la Rome Carrée des enfants jumeaux nourris par la Louve ; puis, successivement, à l'agglomération de la colline primitive vinrent s'ajouter les hauteurs voisines

QUIRINAL ET FONTAINE DE MONTE CAVALLO.

avec leurs gorges intermédiaires : sur la rive gauche, le Capitolin, le Quirinal, le Cælius, l'Aventin, le Viminal, l'Esquilin ; sur la rive droite, le Janicule, et, en dernier lieu, les éminences Vaticane et Pincienne : d'où il appert, soit dit en passant, que les sept collines historiques sont, par le fait, au nombre de dix, de onze même, si l'on compte le *poggio* tout artificiel sis au sud de l'Aventin, et que l'on appelle monte Testaccio (mont des Tessons).

Cette première cité, nous le savons, fut anéantie à peu près complètement par les hordes gauloises de Brennus ; mais, après le départ des barbares du Nord, ses habitants la rebâtirent de toutes pièces, et cette nouvelle ville, bien que brûlée, elle aussi, en partie, sous Néron, sous Titus, sous Commode, ne cessa pas de s'agrandir, de plus en plus monumentale et fastueuse, et finit par former, avec sa banlieue d'amont et d'aval, du pont dit d'Auguste à la plage d'Ostie, toute une province couverte de maisons, dont la population, selon certains historiens, aurait dépassé le chiffre de 5 millions d'âmes.

De cette Rome qui avait soumis l'univers, que subsiste-t-il aujourd'hui? Le chaos de débris que l'on connaît, des arcs de triomphe, des colonnes debout ou couchées, des portiques, des soubassements, des aqueducs, ce champ de ruines vénérables et grandioses que l'on nomme le *Forum Romanum*, ces substructions de résidences impériales qui couvrent l'aire du Palatin; puis, au revers sud de l'ex-colline aristocratique, les vestiges du cirque Maxime; puis, au flanc droit du même Palatin, ce géant de pierre aux ossatures effrayantes et bizarres, et de plus d'un demi-kilomètre de pourtour, qui est le Colisée; tout là-bas aussi, par delà l'Aventin, dans un repli des remparts d'Aurélien, les énormes Thermes de Caracalla; enfin, sur la rive même du fleuve, en deçà de l'ex-pont *Sublicius*, illustré par l'exploit de Coclès, et dont on a fait sauter les restes il y a dix années seulement, la *cloaca maxima*, autrement dit, le grand égout collecteur de Rome, gigantesque canal demeuré aussi solide aujourd'hui qu'au temps où Tarquin l'Ancien l'établit pour opérer le dessèchement du Vélabre et le drainage des vallons adjacents : tels sont, avec les tombeaux innombrables retrouvés sur les voies de banlieue, et quelques édifices sis à l'ouest du Capitole, par exemple le Panthéon d'Agrippa, les vestiges encore existants de la Rome des Césars et de la république.

La Rome moderne, au lieu d'occuper surtout, comme l'ancienne, l'écheveau des collines, se développe sur le vaste espace appelé jadis le Champ de Mars qu'entoure la courbe supérieure du Tibre. Prise dans son ensemble, elle offre l'aspect d'un quadrilatère irrégulier dont les principaux côtés sont au sud et au nord-ouest. Cinq grandes brèches en découpent le massif : au milieu, la via del Corso, qui va de la place du Peuple à celle de Venise, centre de la vieille ville, sous le Capitole; à sa gauche, l'artère divergente qui, sous des noms différents (via *del Babbuino, de' due Macelli*), passe le long de la place d'Espagne et du Pincio, pour se continuer de là jusqu'aux jardins du mont Quirinal; à la droite du Corso, et divergeant également avec lui, la rue Ripetta, qui gagne obliquement les bords du Tibre et se termine, près de la place Navone et du Panthéon. La quatrième grande coupure, perpendiculaire aux précédentes, est celle qui raccorde la place d'Espagne, au nord, au palais Borghèse, au midi,

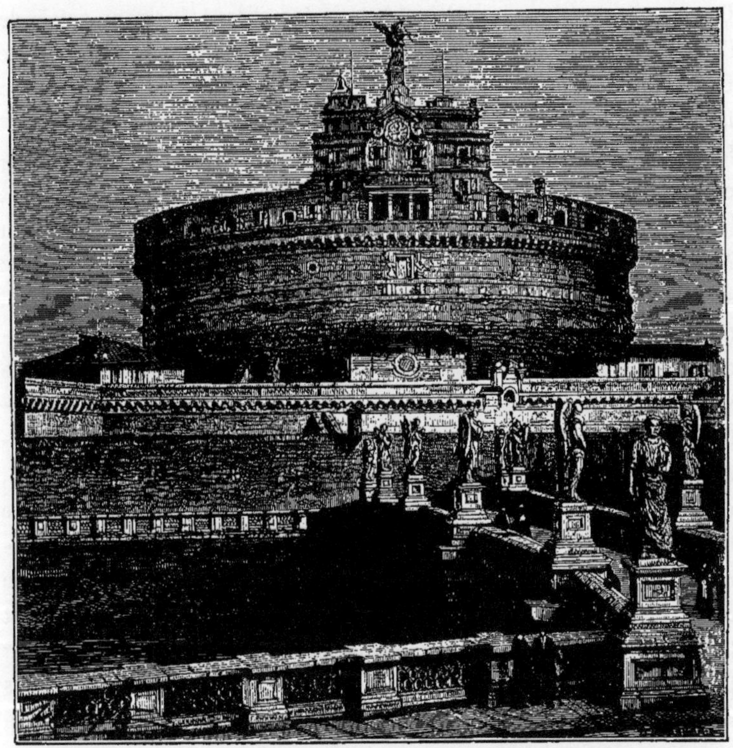

CHATEAU ET PONT SAINT-ANGE, A ROME.

et se prolonge ensuite jusqu'au pont Saint-Ange, juste dans l'axe de la première courbe décrite par le fleuve à son entrée dans la ville. La cinquième enfin est la via Nazionale, large avenue plantée d'arbres, bordée d'hôtels somptueux, de magasins à la mode et de vulgaires « immeubles de rapport », qui relie la gare des Thermes de Dioclétien à la place de Venise susnommée. Celle-là ne représente ni la cité antique des Césars ni la Rome sacro-sainte des papes; c'est une création toute récente, en laquelle s'affirme uniquement la capitale du nouveau royaume d'Italie, telle qu'on s'efforce de la nettoyer et de l'attiffer pour la mettre mieux en harmonie avec l'emblème de Savoie, cette croix d'argent sur fond rouge, qui se montre au front de tous les édifices.

C'est dans cette région urbaine, délimitée au sud et à l'ouest par le fleuve, que sont les places les plus animées et les principaux palais de l'aristocratie. Les plus vieux quartiers en sont ceux qui avoisinent le Capitolin : la place Montanara, la vieille Poissonnerie, le Ghetto; entre le revers sud de la Roche Tarpéienne et l'île de Saint-Barthélemy (autrefois *insula Tiberina*), les arcades ruineuses de l'ancien théâtre de Marcellus; puis le campo di Fiore avec les débris du théâtre de Pompée, la place Farnèse, les places Navone et Colonna, celle du Quirinal ou Monte Cavallo, l'ex-place Barberini (aujourd'hui des Bersagliers), avec sa splendide fontaine du Triton, celle d'Espagne, sur laquelle l'église de la Trinité-des-Monts projette sa majestueuse cascade de cent marches. Nous sommes ici dans le district favori des étrangers, sur une véritable terre de plaisance, et, qui plus est, à demi française. Ce plateau verdoyant que nous gravissons, c'est le Pincio, l'ex-*collis Hortulorum* des Romains, où Lucullus avait sa villa et Salluste ses jardins, détruits par les Goths. Ce bâtiment aux sveltes pavillons qui se dresse tout près de là, c'est la célèbre Académie de France. Enfin, des promenades de la colline des Jardins, nous redescendons, par une série de rampes et de terrasses, à la piazza del Popolo, aire magnifique et tumultueuse où commence la section suburbaine de l'ex-*via Flaminia*, puis, par la *via di Ripetta* qui mène au port du même nom, nous nous retrouvons au bord du Tibre, en face du monte Mario et du champ historique de Cincinnatus, le soldat laboureur.

Passons maintenant le pont Saint-Ange (ancien pont *Ælius*), qui franchit le fleuve un peu au-dessous du théâtre Apollo; nous voici dans la cité léonine, le faubourg papal enclos de murs à part. Trois larges artères parallèles mènent du pont à la place où s'élève la gigantesque basilique, de 185 mètres de hauteur, aux flancs de laquelle est posé le Vatican. Ce qu'est Saint-Pierre, ce qu'est le Vatican, on n'a pas à le redire ici. Il nous faut d'ailleurs de ce pas sortir du *Borgo Santo* pour achever notre tour de la Ville Éternelle.

ROME (VUE PRISE AU-DESSUS DU CÆLIUS).

A notre droite, voici le Janicule, aujourd'hui *Montorio*. C'est la plus haute des collines de Rome (64 mètres), l'éminence stratégique par excellence, celle où se tenaient jadis les assemblées « par centuries », et au pied de laquelle s'étendaient les jardins de Néron et de Domitien. Ses croupes, décorées de villas merveilleuses, se prolongent du nord au sud jusqu'à la porte Saint-Pancrace, près de la fameuse Acqua Paola

PLACE SAINT-PIERRE, A ROME.

(fontaine Pauline), château d'eau sonore et ruisselant qu'alimente la coupe du lac Bracciano, distante de 15 kilomètres en amont. Un peu plus bas se dresse l'église San Pietro in Montorio, érigée à la place où l'on croit que saint Pierre reçut le martyre. Jetons un coup d'œil à l'horizon qu'on découvre, de ses terrasses, sur Rome et l'antique Latium tout entier, puis redescendons vers les berges du fleuve, à travers le quartier plébéien que l'on appelle le Transtévère. A l'extrémité sud de ce quartier, près de la porte Portese, aux âcres senteurs de poisson, nous trouvons, à l'endroit même où campa ce fameux roi Porsenna qui causa une si belle peur à Rome naissante, le deuxième port de la ville, celui de Ripa Grande, d'où partent les vapeurs de Fiumicino.

L'attrait caractéristique de Rome, c'est qu'elle est et restera sans doute longtemps la seule des capitales de l'Europe qui offre le calme de la campagne près des fracas de la ville et le silence absolu de la solitude tout à côté du grouillement des foules. D'une *strada* vivante et bruyante on débouche tout à coup sur un *vicolo* herbu et désert, où l'on ne rencontre plus que quelque *pifferaro* en guenilles, un ânier à longues guêtres menant son roussin, ou bien un paysan de la Sabine campé sur son *carro* de montagne. Pour se rendre d'un monument antique à un autre, on chemine parfois plus d'un quart d'heure entre des haies aux senteurs rustiques, ou à travers d'immenses espaces vagues par lesquels errent des troupes d'oies ou de moutons. Presque partout, des régions tranquilles, aux venelles mélancoliques et songeuses, s'accotent aux flancs de la ville moderne, comme dans celle-ci même les échoppes minables s'accotent aux plus fastueuses constructions. On a eu beau, dans ces derniers temps, aplanir et machiner à grands frais, pour y tracer de nouvelles artères, les pentes de ce mont Esquilin où Mécène jadis avait son palais, et à l'extrémité nord duquel se dresse aujourd'hui la gigantesque bonbonnière à deux dômes que l'on appelle Sainte-Marie-Majeure : toute la face extérieure du coteau n'a rien perdu de son calme agreste ; l'herbe y croît toujours dans les rues, en contre-bas des talus sans maisons et des jardins aux cultures maraîchères; la terrasse de Saint-Pierre-aux-Liens (San Pietro in Vincoli) est toujours morne et muette à souhait; Sainte-Croix en Jérusalem, Saint-Jean-de-Latran, la grande basilique, ont toujours leur site plein de mélancolie, leur horizon de vieilles murailles et d'aqueducs effilés par-dessus lesquels on aperçoit les coteaux du Latium avec leurs villas et l'arrière-ligne bleuâtre des monts de la Sabine.

De même, on a eu beau mutiler la région du Cœlius, y supprimer maint chemin tortueux aimé du touriste, pour y provoquer une poussée de maisons à laquelle le sol semble réfractaire : la majeure partie de ce quartier suburbain a gardé sa poésie silencieuse. Près de l'ancienne porte Capène, aujourd'hui porte San Sebastiano, la voie Appienne est toujours là, avec ses milliers de tombeaux en bordure, déroulant son pavage de pierres volcaniques vers l'ex-Tusculum (aujourd'hui Frascati), vers les monts Albains aux beaux lacs dormants, tout comme la porte San Lorenzo (ex-porte Esquiline) continue de mener à cette région enchanteresse de Tibur (actuellement Tivoli) qui, avec les collines tusculanes précitées, représente la Suisse de l'*Agro romano*.

L'édilité enfin a eu beau décider, sur ses devis, que le quartier d'*osterie* situé par delà l'Aventin, au monte Testaccio ou mont des Tessons, formera le centre d'une grande agglomération ouvrière destinée à vivifier cette région, de la porte Saint-Paul au Tibre : la montagne plébéienne, avec ses deux cimes entre lesquelles se creuse une sorte de ravin séparant le cloître Sainte-Sabine de l'église Sainte-Balbine sise à l'opposite, est toujours un plateau désert, balayé des vents comme au temps de Tite-Live, et que n'occupent que des jardinets ou de petits carrés de légumes. Plus bas, la large chaussée qui court entre la colline et le Tibre est toujours, dans sa section extrême, une rue déserte au possible où l'on ne perçoit guère d'autre bruit que le cri de la mouette planant sur la rivière aux ondes jaunes, *flavus Tiberis*, comme l'a dit Horace. Non, en dépit de ses 300 000 habitants et des transformations de toute sorte qu'on a opérées chez elle depuis dix-huit ans, Rome n'a pas encore pris les allures et l'effigie d'une ville capitale ; le train de l'existence continue d'y être avant tout provincial et patriarcal ; c'est toujours une cité *quieta*, selon l'expression des Italiens mêmes, une *citta brutta*, disent les employés piémontais qui trouvent qu'on ne s'y amuse pas à souhait, et qui y regrettent Turin et Florence ; mais pour le touriste épris de grands souvenirs plus que de vulgarités élégantes, et qui, à travers la Rome d'aujourd'hui, entrevoit le spectre de la Rome d'autrefois, c'est toujours la ville des villes, l'*aurea Roma* dont parlait Rutilius.

III

De Rome à Naples, la distance par le chemin de fer est de 260 kilomètres. C'est un peu au delà de la station de Ceprano, au pont de fer qui franchit l'ex-Liris, que l'on sort des anciens États de l'Église pour entrer sur le territoire campanien. La voici sous vos yeux, cette Terre de Labour (*Terra di Lavoro*), cette molle et délicieuse contrée aux rivages de laquelle plane la vieille légende de Circé l'enchanteresse, et où Hannibal, il y a deux mille ans, s'oublia tout un hiver avec son armée. Passé Aquino, la patrie de Juvénal, la dépression fluviale, jusque-là assez resserrée, s'élargit ; une courbe vers l'est conduit le *railway* au pied de l'éminence isolée que couronne l'immense cloître du Mont-Cassin, et bientôt, de la vallée du Garigliano, on passe dans celle du Volturne.

Capua Nuova! crie le chef de train. Cette Capoue-Nouvelle est une petite ville forte, dominée par le groupe de hauteurs du monte Tifata, où Diane, la grande déesse du pays, avait un sanctuaire vénéré entre tous; ce n'est pas la Capoue fameuse dans l'histoire. Cette dernière, ou plutôt son squelette, est à quelques kilomètres plus en aval, sur le parcours de la voie également. Un arc de triomphe, sous lequel passe la grand'route de terre, des ruines d'amphithéâtre et de thermes, c'est tout ce qui reste de la puissante cité pélasgo-étrusque qui compta, dit-on, jusqu'à 500 000 âmes, et qui, après avoir été l'Athènes des populations osques et samnites, osa un moment disputer à Rome la domination de la péninsule.

Quelques minutes après, on touche à Caserte, l'ex-Versailles des ex-souverains de l'ex-royaume des Deux-Siciles, et l'on entre dans la banlieue de Naples. La riche flore parthénopéenne s'épanouit devant vous dans toute sa splendeur et vous envoie ses aromes parfumés; la vigne, comme au temps de Virgile, s'empare de tous les étais, y pousse et y enroule ses sarments. Au-dessus des massifs d'orangers aux fruits d'or, le pin parasol arrondit sa coupole; à côté du cactus gris argenté, le figuier d'Inde étale ses larges feuilles hérissées de piquants. L'olivier sauvage, le chêne-vert, l'arbousier, le myrte, l'éryx autour duquel bourdonnent les abeilles chantées par le poète, s'élèvent du fourré d'anémones, de lis, de joncs flexibles, qui forment, en toute saison, la menue végétation de ces districts bénis. Enfin, au delà de Cancello, on passe sur les gigantesques siphons qui amènent à Naples, aux réservoirs de Capodimonte, l'eau claire des sources d'Urcioli; le chemin de fer infléchit brusquement vers la mer, et le voyageur, en regardant par la portière du wagon, aperçoit à main gauche le cratère fumant du Vésuve.

Prise dans son développement le plus large, la baie napolitaine s'allonge sur un espace de plus de 24 kilomètres, depuis le cap Misène au nord-ouest jusqu'à celui de Sorrente au sud-est, embrassant dans son majestueux ensemble l'échancrure semi-circulaire de Pouzzoles et l'anse arquée qui se déroule de Torre del Greco à l'île Capri. Mais le golfe urbain proprement dit se compose de la double inflexion crochue, exactement en forme de 3, étendue du cap Pausilippe au quai de là Marinella, et la vaste agglomération, très diversifiée de site et de

NAPLES.

niveau, qui se déploie en fer à cheval sur cette ligne côtière, comprend en réalité trois villes, dont chacune a sa physionomie propre.

C'est d'abord, à l'amorce supérieure de la courbe, la ville de luxe, séjour favori des oisifs et des étrangers, comprise entre la Mergellina et la mince langue de terre qui porte le Château de l'Œuf. Là se développe, au bord de la mer, le splendide quai-promenade de Chiaja auquel fait suite la Villa Nazionale; au-dessus courent des voies modernes et spacieuses qui sont l'amorce d'un quartier neuf, la rue du Tasse, le corso du Prince-Amédée, et surtout celui de Victor-Emmanuel, dont le pittoresque tracé contourne sur 4 kilomètres de longueur les hauteurs du château Saint-Elme et les pentes du monte Vomero jusqu'à l'église de Piedigrotta.

Dans le second évidement, plus profond, décrit par le rivage à l'est du château de l'Œuf, se déroule le quai de Sainte-Lucie, toujours plein de bruit et de mouvement. Ensuite viennent, séparés l'un de l'autre par une jetée, par le Grand-Môle et le Petit-Môle, les trois bassins inégaux d'étendue et de forme qui constituent jusqu'à nouvel ordre, en attendant les agrandissements projetés, les ports militaire et marchand de Naples. Au nord de cette *Marina*, s'étend la ville bourgeoise, composée de l'ex-rue de Tolède (aujourd'hui rue de Rome), qui va, du sud au nord, du *largo del Plebiscito*, proche de l'Arsenal, à la place Dante, sise à peu près au centre de la ville. C'est là que le mouvement est le plus actif; là se trouvent les grands édifices et les places principales, le théâtre San-Carlo, le Palais-Royal, la *piazza* Saint-Ferdinand, station centrale des omnibus et des tramways à vapeur.

Tout ce qui s'étend plus à l'est, au-dessus de la courbe dessinée par le quai de la Marinella, royaume par excellence de ces *marinari* et pêcheurs qui s'aventurent à la recherche du corail jusqu'aux rivages lointains de l'Afrique, forme le gros du vieux Naples, la cité plébéienne, qui ne finit qu'au pont de la Madeleine, sur la petite rivière Sebeto. C'est là qu'on a découvert, près du Petit-Port, des restes de l'antique Palæopolis; c'est là aussi qu'est cette fameuse place du Marché, qui fut, il y a deux cent cinquante ans, le théâtre de l'insurrection de Mas-Aniello le pêcheur; c'est là enfin, aussi bien que sur le môle et au quai de Sainte-Lucie, qu'il faut venir étudier les types divers du menu peuple de Naples, depuis la gent des portefaix, débardeurs, *facchini*, coiffés du traditionnel bonnet rouge, qui ont Lazare le Gueux pour patron, jusqu'à celle des marchands ambulants, vendeurs de pastèques, d'alcool, d'orangeade, de jus de sureau, de fromages blancs, d'éventails, d'allumettes et d'olives, sans oublier les *acquaioli* (porteurs d'eau), qui encombrent sans cesse la chaussée et vous assourdissent de leurs clameurs et de leurs lazzis. Les jours de marché, c'est bien autre chose : de toutes les localités de la banlieue, de Pouzzoles, de Portici, de Résina, de Sorrente, afflue un monde multicolore de *contadini* (paysans) fouettant l'air embaumé du beau golfe de leur dialecte aux consonnes bizarrement redoublées.

Ajoutez à cela le grincement des pianos mécaniques, les boniments des acteurs forains, les nasillements des polichinelles de carrefour, le claquement cadencé des castagnettes, du sistre et du tambourin, résonnant à l'envi dans les cours, dans les vestibules, au bord de la mer, pour les couples qu'emporte la *tarentelle*, le fracas des menus métiers, qui, sans souci du passant, ont pris le trottoir et la chaussée même pour leur atelier ou leur forge, les grésillements des brasiers en plein vent, où s'emmêlent des montagnes odorantes de macaroni, où se tordent en crépitant des amas de fritures innommées, et vous aurez une vision des rues de Naples.

Pour le touriste arrivé de Rome ou de quelque paisible localité des Abruzzes, c'est une chose vraiment stupéfiante que cette intensité de bruit et de mouvement. Quand on se rappelle les quartiers si déserts de la Ville Éternelle, on a peine à croire qu'on vient de quitter la capitale officielle d'un grand royaume. La vraie capitale de l'Italie, la cité vivante et populeuse par excellence, c'est Naples, bien plutôt que Rome. Il faut remonter au nord jusqu'à Gênes pour trouver une ruche bourdonnante qui approche de celle-ci.

Naples n'a point de monuments dont l'éclat architectural réponde à son opulence et à son étendue. Le peuple qui habite ces rivages ne s'est jamais mis en frais d'édifices. Sa ville immense, *la bella Napoli, sul mare lucica*, comme dit le chant de Sainte-Lucie, ne semble être pour lui qu'une gigantesque tente-abri, dont l'ordonnance a été presque entièrement laissée au hasard, la décoration principale à la nature, aux magiques colorations du soleil, à l'azur lumineux du golfe, aux magnificences de la flore régionale, et où il se laisse volontiers vivre au jour le jour et sans cassement de tête. Il en était ainsi déjà aux temps lointains où la langue grecque résonnait sur l'antique *Crater*, alors que la ville avait pour patronne la grande sirène Parthénope, détrônée de nos jours par saint Janvier, le faiseur obligé de miracles, et toujours sans doute il en sera ainsi sur « ce morceau du ciel tombé en la terre », tant que le Vésuve, à qui rien ne coûte, n'aura pas englouti sous sa lave l'insouciante cité qui grouille à ses pieds.

Enfilons maintenant ces ruelles grimpantes et en escalier, ces *costarelle* ardues, qui, à Naples encore plus qu'à Gênes, sont les filles naturelles du site, et où l'âne campanien fait merveille, comme là-bas

22

le roussin de Ligurie, et gagnons les hauteurs du château Saint-Elme, sises à l'est de la ville, près de la pittoresque porte de Capoue.

C'est de là qu'il vous faut contempler Naples entière et son golfe. A vos pieds s'étale la ville, immense fourmilière de 600 000 âmes, dont les faubourgs, bien misérables par places, se prolongent hardiment jusqu'aux pentes du volcan ; à gauche se dresse la colline de Capodimonte, au-dessous de laquelle s'ouvrent des catacombes plus spacieuses que ne le sont celles de Rome ; en face, voici la majestueuse courbe de la baie, les ombrages de Portici, les coulées de feu d'Herculanum et de Pompéi, et les deux mamelons du Vésuve ; plus loin, en suivant le demi-cercle du littoral, Castellamare et ses coteaux paradisiaques. Sorrente et son promontoire, puis le détroit de la Campanella, et, sur les flots, la rêveuse Capri. Retournez-vous : voici le Pausilippe, où Virgile s'était juré de mourir, le cap Misène d'où Pline l'Ancien appareilla, lui aussi, pour la mort, et, sous ses roches déchiquetées en cavernes, les îles de Procida et d'Ischia. De coteau en montagne, de promontoire en ravin, le rivage s'étend toujours merveilleux et toujours divers, et chaque forme nouvelle est reliée à l'autre par une série de transitions harmonieuses. « Voir Naples et mourir ! » le vieux dicton, je vous l'assure, n'est pas près de perdre sa vérité.

CHAPITRE VIII

De Madrid à Constantinople par Lisbonne, le Caire, Jérusalem et Athènes.

I

Le plateau des Castilles forme au centre de la péninsule ibérique un îlot de granit absolument nu et d'une monotonie effrayante. Nul site d'Europe n'est plus aride que « cette région de la soif », râclée tour à tour par deux vents opposés, le brûlant *Solano* qui vient du midi, et le froid *Norte* qui se glace encore en passant sur les neiges des Pyrénées. On sait le dicton : « L'oiseau qui traverse les Castilles doit emporter son grain avec lui », car ce n'est que passé la sierra Morena, dans la féconde Andalousie, qu'il retrouvera provende à son gré.

La caractéristique de ce sol écaillé, c'est un semis de cailloux siliceux à la teinte gris-blanchâtre, entre lesquels pointent uniquement, au milieu d'uniformes champs de céréales, des oliviers à la pâle frondaison. Quelques castels d'hidalgos, quelques résidences de souverains, qui allaient d'un lieu à un autre, s'élevaient seules autrefois dans ces mornes campagnes. La nouvelle monarchie créée au quinzième siècle par l'expulsion des conquérants maures ne possédait pas de capitale ; que dis-je ? le pays lui-même, auquel Christophe Colomb venait de donner tout un monde pour sujet, n'avait en quelque sorte pas de nom. Longtemps encore après que le mariage de Ferdinand et d'Isabelle eût consommé l'unité nationale, on ne l'appelait que les *Castilles*. Point de centre de gouvernement ; les rois allaient, je le répète, de district en district, résidant tantôt à Séville, tantôt à Grenade, ou dans quelque autre cité importante. Charles-Quint lui-même, l'héritier du plus vaste empire que le monde eût vu depuis les Romains et depuis Charlemagne, menait sa cour ambulante des terres de la Bourgogne à celles de l'Autriche ou des Deux-Siciles, et des villes flamandes aux villes ibériques.

Ce fut seulement Philippe II, son fils, qui entreprit de doter l'Espagne de la capitale officielle qui lui manquait. Comme, par la conquête du Portugal, il venait encore d'agrandir l'immense patrimoine qu'il tenait de son père, la cité du Tage eût été, semble-t-il, la métropole la mieux située et la plus centrale qu'il pût donner à une monarchie dont la mer avait été l'élément nourricier, et qui s'étendait jusqu'aux deux Indes. Peut-être aussi, par ce choix politique, l'union des deux royaumes ibériques eût-elle été cimentée à jamais. Cependant, au lieu de transporter délibérément à Lisbonne, ville toute faite et apte à son rôle, le siège de ce gigantesque empire « sur lequel le soleil ne se couchait pas », Philippe II jeta les regards sur une toute petite bourgade castillane, sise à plus de 600 mètres d'altitude aux bords d'une rivière à peu près sans eau.

Là s'élevait, sur une croupe au-dessus du Manzanarès, un ancien *alcazar* arabe que l'on avait arrangé en château pour servir, à l'occasion, d'hôtellerie aux princes qui venaient chasser dans le pays. Le district possédait donc des forêts, et sans doute aussi, par suite, le climat en était plus sain qu'aujourd'hui. Le sombre Philippe II aimait ces horizons désolés que bornent, au nord, les reliefs escarpés de la sierra Guadarrama ; il les aimait tant, nous le savons, que, non content d'y placer sa capitale, il y construisit également son palais de prédilection, ce gigantesque tas de granit, disposé en forme de gril, que l'on appelle l'Escurial.

Sa pensée était que la nouvelle ville, située juste à l'ombilic du pays, devait exercer peu à peu une irrésistible attraction sur les autres provinces de la péninsule. En cela, Philippe II s'est trompé : Madrid la *villa*, et non la *ciudad*, — car elle n'a jamais eu le titre de cité, — est bien la grande « résidence » de l'Espagne ; elle n'en est ni la tête ni le cœur. Aujourd'hui encore, chaque fraction de la presqu'île ibérique

MADRID.

continue de sentir son être à part et se considère comme royaume. Une demi-douzaine de lignes de chemins de fer ont beau rayonner vers ce centre factice, Madrid, sise dans le district le plus indolent d'outre-Pyrénées, n'a jamais pu opérer ce travail d'unification et de fusion qui doit être le rôle d'une vraie capitale.

La création de Philippe II n'en est pas moins devenue une ville importante en soi. Quoique située dans une région plate, elle repose sur un sol suffisamment mouvementé pour que certaines de ses rues, celle d'Atocha par exemple, soient évitées par les chariots de charge. On pourrait croire que, née d'un dessin préconçu, à une date relativement moderne, elle offre un plan d'ensemble correct ; nullement : la plupart de ses voies sont irrégulières et s'embranchent à angle aigu l'une dans l'autre. Tout le vieux quartier n'est qu'un fouillis d'artères étroites, bordées d'humbles constructions. Seules, les rues qui confluent à la célèbre Puerta del Sol sont vraiment dignes d'une grande capitale.

Cette Puerta del Sol elle-même, où se concentre tout le mouvement de la ville, où se pressent les hôtels luxueux, les cafés, les magasins à la mode, est-elle en réalité une place, dans le sens que nous attachons à ce mot, une aire dessinée tout exprès pour des effets de perspective voulus ? Non, le carrefour, tel qu'il se présente, s'est formé au hasard et comme à la diable. Des huit ou dix rues qui y aboutissent, chacune a mangé son morceau, a pratiqué son échancrure dans le pâté de maisons terminal, et, de ces évidements successifs, de ces coins enfoncés dans le tas, est résulté l'espèce de bassin oblong, sans arêtes ni encaissements définis, où se déversent, comme au milieu d'une vasque commune, des affluents venus de tous côtés. Nulle bâtisse monumentale ne décore cette intersection, qui est cependant le promenoir central de tout le Madrid affairé et viveur, la galerie fastueuse où, le soir comme le jour, se prélassent devant les vitrines étincelantes les dandys et les sémillantes señoras.

La place d'Orient, où s'élève toute une futaie de statues, la *plaza Mayor*, avec ses hautes maisons à arcades, la place du Congrès, où se dresse la statue de Cervantès, la place Murillo, l'hôtel de ville, le palais royal, dont les jardins en terrasses s'abaissent vers les berges du Manzanarès, la porte d'Alcala, quelques fontaines artistiques, telles sont, sans parler des musées, les curiosités principales de la ville. N'oublions pas ces fameuses et galantes allées du Prado, où a lieu, chaque jour, avant le dîner, comme chez nous aux Champs-Elysées, le corso des brillants équipages, où les marchands de glaces et de limonade circulent en foule mêlés aux nourrices attifées de leur costume basque; citons enfin la promenade de Recoletos, la Castellana, la Florida, et surtout le parc du Buen Retiro, avec ses bassins et ses allées taillées géométriquement, dans le goût de nos jardins de Versailles.

PALAIS ROYAL DE MADRID.

Jardins et parcs, il faut bien le dire, enserrent la ville de tous les côtés. Si le plateau des Castilles présente une sorte d'image du désert, la banlieue immédiate de Madrid n'est pas aussi laide qu'on le pourrait supposer. La profonde dépression du Manzanarès y découpe dans le sol des entailles d'un aspect assez pittoresque, et puis il y a, pensons-y, à l'horizon nord de la cité de Philippe II, les masses granitiques déjà nommées de la sierra Guadarrama, avec leurs taches de pins sombres et leur couronne de neiges luisantes, qui se profilent à souhait sous le ciel azuré, et dont la ligne semble parfois si proche que, par un beau temps, on distingue nettement l'emplacement de l'Escurial, distant pourtant de 7 ou 8 lieues.

II

Des Pyrénées à Lisbonne, il n'existe pas de chemin de fer direct. D'Irun, la station frontière, il faut aller à Madrid (630 kilomètres), et, de là, faire un long détour, de plus de 600 kilomètres encore, par les solitudes de l'Estrémadure. Talavera, Navalmoral, Placentia, Valencia de Alcantara, Abrantès, telles sont les principales étapes de cette seconde section du parcours. Ce n'est qu'au delà de la frontière espagnole que l'on voit enfin succéder aux plateaux stériles et aux sites moroses des districts riants et fertiles qui rappellent les paysages andalous. A partir d'Abrantès surtout, quand on entre dans la région arrosée par le Tage, une végétation merveilleuse s'offre aux yeux ravis du touriste. Le fleuve hispano-portugais, dont le train ne quitte plus les rives, développe sa nappe élargie au travers d'une majestueuse vallée qui, littéralement, ressemble à un jardin.

Lisbonne est une ville très ancienne. Son nom primitif d'Olisippo fut changé par les Romains en celui de *Felicitas Julia*, qui indique l'impression enchanteresse produite sur les conquérants par les beautés paradisiaques de son site. Les Goths l'appelèrent ensuite Ulyssipona, désignation que les Arabes, une fois maîtres de la Lusitanie, altérèrent en *Al-Oschbuna*, *Lischbuna*, d'où *Lisböa*, en portugais et en espagnol.

La jolie ville s'élève en amphithéâtre à la rive nord de l'embouchure du Tejo (Tage), qui dessine une baie de 18 kilomètres de long sur 9 de large, dite « rade de Lisbonne ». Les plus gros navires, des flottes même, peuvent atterrir dans ce havre splendide, lequel se prolonge à plus de 2 lieues en amont. L'entrée de l'estuaire est fermée par deux promontoires avancés qui ne laissent entre eux qu'un goulet de 1 à 3 kilomètres de largeur, bordé de bastions et de forts.

Trois grandes collines et quatre petites, dont les plans se rattachent vers le nord au relief denté de la Sierra de Cintra, et qu'on projette en ce moment de réunir par un pont de 1 500 mètres de longueur sur 55 d'élévation, qui sera muni de place en place d'*ascenseurs*, forment l'assiette de la cité, composée de quatre parties : Alhama, la vieille ville, où s'élève la cathédrale Sainte-Marie; Rocio, la ville basse et neuve, qui se développe du côté du Tage; Bairro Alto, la ville haute, et, à l'ouest, Alcantara, ainsi nommée du magnifique pont qui y enjambe le ruisseau séparant l'agglomération lisbonnaise du vaste faubourg de Bélem, de la tour duquel appareilla jadis Vasco de Gama. L'ensemble, de l'est à l'ouest, ne mesure pas moins de 14 kilomètres.

On sait quel désastre causa dans la ville du Tage l'inoubliable tremblement de terre de 1755 : 40 000 habitants furent écrasés sous les décombres de 6 000 édifices. Un seul quartier, celui des Maures, dédale de rues et de ruelles encore existant sous la citadelle, survécut à cette commotion effroyable que vinrent aggraver et compléter une inondation de la mer et de gigantesques incendies nés des foyers des maisons englouties. Le marquis de Pombal, sous le ministère duquel eut lieu le cataclysme, s'empressa de relever la ville sur un plan symétrique et grandiose, et alors naquirent ces quartiers de luxe dont la *praça do Commercio* marque le centre. Cette place, d'où rayonnent les artères maîtresses de Lisbonne, a la forme d'un immense rectangle dont un des côtés regarde le fleuve, et qui communique par un arc de triomphe avec la belle rue Ajuda. Le cadre en est formé par une rangée de superbes édifices à arcades : l'hôtel de ville, l'Intendance de la Marine, la Bourse, la Douane, l'hôtel des Indes, l'Arsenal et les ministères. A l'extrémité de la majestueuse esplanade apparaît, comme un décor féerique, la nappe immense et glauque du Tage, avec ses quais ornés de colonnes, ses centaines de navires et de bateaux-mouches. Sur le tout, les flamboiements du ciel lusitanien.

Le point le plus animé de la ville, ce n'est pas toutefois cette place luxueuse, c'est celle de Don Pedro, ou le Rocio, comme on dit là-bas. Là se trouvent les théâtres, les librairies, les cafés à la mode; c'est comme la puerta del Sol à Madrid. Parmi les rues, la plus vivante est la rue Chiado, qui aboutit à la place Camoëns, décorée du monument de ce poète. Des deux cent cinquante églises ou chapelles que possède la ville, la plus belle est la basilique de l'Etoile (*Estrella*), une réduction de Saint-Pierre de Rome, sise sur les hauteurs de Buenos-Ayres, et qui domine de son dôme imposant tous les édifices de Lisbonne. Citons aussi l'église da Graça, où se dresse le monument funéraire d'Albuquerque, le

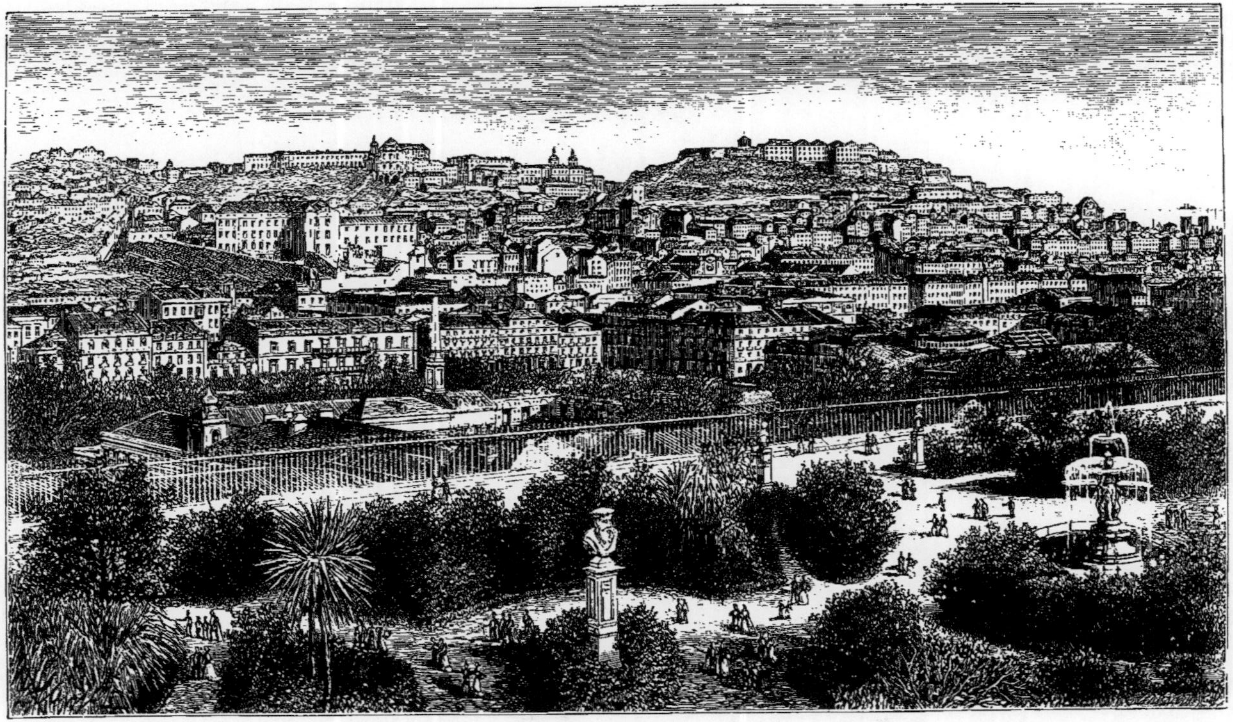

LISBONNE.

Palais royal haut perché d'Ajuda, le fameux monastère suburbain de Bélem, le bel aqueduc de trente-cinq arches qui apporte à la ville les ondes pures de Bellas, et enfin le château de Cintra, situé à 7 ou 8 lieues au nord-ouest, au pied de la montagne-roc (*la Penha*) qui écrase de sa masse les collines lisbonnaises.

Jusqu'au seizième siècle, Lisbonne fut pour les Orientaux la ville européenne par excellence, le marché le plus florissant du monde. La réunion du Portugal à l'Espagne commença sa ruine. Dépeuplée plus récemment par le mouvement d'émigration au Brésil, elle n'a plus de nos jours que la moitié des habitants qu'elle comptait il y a trois cents ans (soit 250 000 environ); néanmoins son port, point d'attache de plusieurs lignes transocéaniques, est encore très prospère. Si elle fait peu d'affaires avec l'Espagne, sa voisine du continent, en revanche, son ex-colonie de l'Amérique du sud est restée le meilleur débouché de son commerce d'exportation.

III

Après avoir débordé jadis de l'Arabie sur l'Afrique, puis de l'Afrique sur la péninsule ibérique, l'islam n'a plus aujourd'hui au sud de la Méditerranée qu'une grande capitale, qui est le Caire.

Sise sur la lisière même du désert, à 12 kilomètres de l'endroit où le Nil se partage en deux bras, la branche de Damiette et celle de Rosette, le Caire est la quatrième en date des métropoles officielles de l'Égypte. La première, rappelons-le, fut Memphis, la ville industrielle et commerciale, fondée 5000 ans avant notre ère par le roi Ménès sur la rive occidentale du Nil, un peu au-dessous de la capitale actuelle ; la seconde fut Thèbes, la ville des Sphynx, la résidence d'apparat et de cour, située plus au sud, à mi-chemin du delta et de la deuxième cataracte ; la troisième, Alexandrie, la cité des Ptolémées, qui attira à son tour le trafic et les richesses de l'Orient.

Quant au Caire, il ne remonte qu'au dixième siècle de notre ère. Ce fut un officier d'Amrou, le général Gohar-al-Kaïd (Djôhar) qui le fonda en 969, à 1 800 mètres de la rive droite du Nil, sous la pente ouest du Mokatham, la montagne nue qui sert de site à la citadelle où eut lieu en 1811 le massacre historique des Mamelouks. A cette époque déjà, un peu plus au sud, il existait un autre centre qui avait commencé par être, sous le nom de Babylone, une colonie militaire des Romains, lesquels y entretenaient à demeure une légion. Conquis ensuite par les Arabes, il avait reçu de ces derniers la dénomination de Fostât qui veut dire *tente :* c'est cette Fostât, le Masr-el-Khadima des Egyptiens, que, nous autres Européens, nous sommes convenus d'appeler le « Vieux-Caire ».

Bâti en majeure partie au moyen de pierres prises aux ruines de Memphis et à celles d'Héliopolis la cité du Soleil, le Caire devint presque aussitôt la résidence des califes fatimites et le rendez-vous des caravanes de l'Orient. Son double nom de Masr-el-Kahira (Mars-le-Victorieux) lui vient, le premier, de ce que le coup de pioche initial donné par les fondateurs coïncida avec le passage de la planète Mars au méridien de Fostât; le second, de ce que les héritiers de Mahomet célébrèrent par la création de cette cité, tant vantée dans les *Mille et Une Nuits*, leur main-mise triomphale sur l'Égypte. Les nouveaux califes de la ville du Nil ne tardèrent pas à égaler, puis à dépasser en puissance et en éclat leurs rivaux les Abbassides de Bagdad. Encore une fois, grâce à eux, la civilisation orientale se déplaça ; ce ne fut plus la cité asiatique du Tigre qui en fut le siège principal; ce fut le Caire, et, aujourd'hui encore, disons-le, la mosquée égyptienne d'El-Azhar, qui date de la conquête même, est restée le centre renommé de toute vie scientifique en Orient. Quelques faits donnent une idée de ce qu'était la prospérité de ce califat du sud, aux treizième et quatorzième siècles. La fameuse *peste noire* de 1348-49, qui pénétra jusqu'en ces régions, trouva à faire, en deux mois, neuf cent mille victimes rien qu'à Fostât et au Caire; d'autre part, le Florentin Frescobaldi assure que, de son temps (1384), on voyait dans le port du Caire plus de bâtiments qu'à Gênes et à Venise, et que toutes les puissances y entretenaient des résidents. Ce fut la découverte de la route maritime du Cap qui ruina le commerce de la ville des Pyramides. Celle-ci cessa dès lors d'être l'entrepôt des denrées de l'Inde et de l'Arabie; bientôt après (1516), l'Egypte fut conquise par les Turcs, et le pays ne fut plus qu'une province de ce nouvel empire ottoman qui causait un si grand effroi à l'Europe.

LE CAIRE.

« Qui n'a vu le Caire n'a vu le monde », dit un vieux proverbe. Il convient, aujourd'hui du moins, d'en rabattre. Le Caire n'est pas une belle ville, selon l'idée que nous attachons à ces mots; cependant, de toutes les cités de l'Orient, et bien que, depuis 1869, elle perde chaque jour de son caractère, c'est encore celle qui présente le plus de variété. D'une rue bien tenue et bien arrosée, pourvue de trottoirs et bordée de maisons à l'européenne, on tombe dans un écheveau de ruelles sombres, parfois de simples culs-de-sac, sur lesquels s'avancent de hauts redans de murs sans fenêtres, ou dont les baies jalousement bardées de grillages de bois en saillie (*mouscharabis*) interceptent l'optique du dehors au dedans. Partout, des ânes brayant, des files de chameaux se dandinant, des chiens vagabonds, balayeurs non payés de la chaussée. Puis, au détour d'une de ces artères étranglées, où il semble que la respiration manque, on débouche derechef dans un quartier spacieux, aéré, lumineux, où le regard peut s'étendre à l'aise : telle est par exemple la large place Roumêlieh que prolonge l'ancien Karamêidan, aujourd'hui place Mohammed-Ali. Là s'élève, au pied ouest de la citadelle de Saladin, dont une des cours contient le puits vénéré de Joseph, cette énorme mosquée d'Hassan que dominent une coupole de 55 mètres de hauteur et un minaret de 86 mètres à triple galerie. Aussi bien que les caravansérails, les mosquées, au Caire, se comptent par centaines. Chaque sultan a voulu avoir son temple, pour y être enterré. Près de ces sanctuaires sont d'ordinaire des fontaines publiques, la plupart de pieuses fondations avec inscriptions commémoratives, et généralement surmontées d'un étage renfermant plusieurs chambres où se tiennent les écoles élémentaires.

D'un bout à l'autre de la ville, dont l'étendue maximum est de 4 kilomètres, se déroule en diagonale le Khalig, canal creusé jadis pour relier le Nil à la mer Rouge. A l'ouest, du côté du fleuve, est le nouveau quartier à l'européenne d'Ismaïlieh. Par delà scintille la nappe du Nil, qui file le long des débarcadères et des murs des jardins. Avançons encore : voici le port de Boulak, avec sa forêt de mâts, sa flottille de beaux steamers côte à côte avec les lourds chalands nubiens aux voiles latines et lacérées qui n'ont guère changé de forme depuis l'âge fabuleux des Pharaons. Non loin du port est le célèbre musée d'antiquités égyptiennes formé par un Français, Mariette-bey; plus au sud, à

2 kilomètres de l'enceinte, dort le Vieux-Caire, la Fostât des Arabes. Ce n'est maintenant qu'une petite ville avec des débris de murs, quelques fragments de ruines romaines, et la mosquée d'Amrou, « la couronne des couronnes ». Le Nil s'y sépare en deux bras pour enserrer la grande île de Rôda.

Dans une autre direction, celle d'Héliopolis au nord, se trouve la célèbre allée de Schoubrah, avec le château et les jardins de Méhémet-Ali, le créateur de ce lieu de plaisance, qui a également dans la citadelle « sa mosquée d'albâtre » à deux minarets. L'allée de Schoubrah est le Bois-de-Boulogne du Caire, la promenade fashionable où circulent, au coucher du soleil, les brillants équipages, précédés de leurs coureurs.

Voilà, en son linéament sommaire, cette ville égyptienne de trois cent cinquante mille habitants, telle que les mamelouks l'ont tirée pièce à pièce des blocs de pierre de Memphis et du champ des Pyramides, et telle aussi que les récents khédives l'ont agrandie et modernisée, en la rattachant par des chemins de fer à Damiette, à Alexandrie, à Suez, à Siout, et à l'issue du canal Ismaïlieh ouvert en 1877.

IV

Ne quittons pas ce coin de l'Afrique qui confine à l'Asie, sans jeter au moins un furtif regard par delà l'antique terre de Gessen et ce légendaire pays de Chanaan, où émigrèrent, au temps de Ménéphtah Ier, les tribus nomades des *Beni-Israël*.

Du Caire même, ou mieux encore, directement de Suez, d'où partent les chameliers, on peut gagner Jérusalem en franchissant la partie supérieure de cette péninsule sinaïtique qui sépare les deux cornes de la mer Rouge. C'est un trajet de 150 kilomètres environ au travers des mornes plateaux, tour à tour entrecoupés de ravins ou accidentés de groupes de roches et de hauteurs, auxquels attient cette région de l'Idumée ou des Philistins qu'on appela plus tard Palestine. A mi-chemin à peu près, dans une gorge des montagnes, gisent les ruines de Pétra, jadis la principale étape de commerce entre la Syrie du Sud et l'Égypte. De Pétra à Hébron, on compte une soixantaine d'heures de chamre. Un autre itinéraire, plus simple, il est vrai, pour passer des

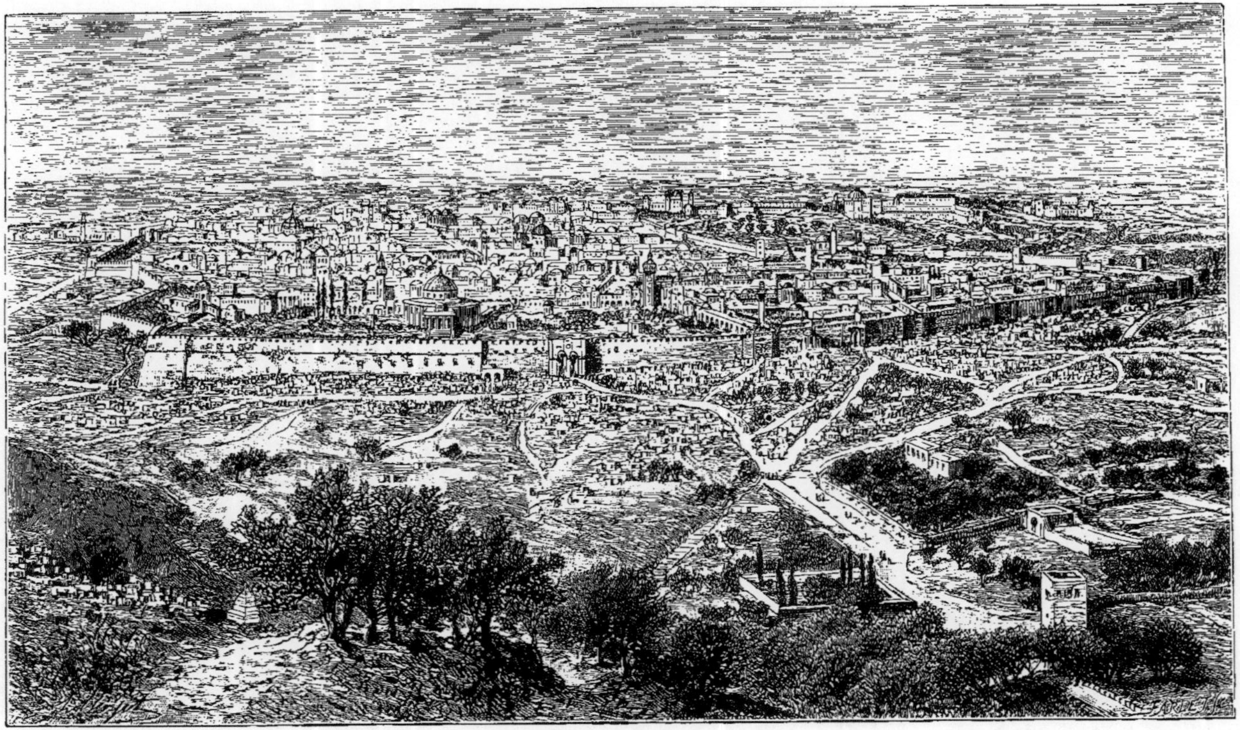

JÉRUSALEM.

rives du Nil en Judée, consiste à se rendre, en treize heures, de Port-Saïd à Jaffa par mer, et de Jaffa à Jérusalem en douze heures; mais, dans ce cas, adieu les âpres caresses du simoun à l'odeur de soufre et les émotions *sui generis* que ne manque pas de procurer, au touriste, la traversée des solitudes de l'Et-Tih, « le désert de l'égarement », comme l'appellent encore les Arabes, en souvenir des longues pérégrinations qu'y dut accomplir le peuple de Moïse.

C'est, on le sait, entre deux chaînes parallèles, l'extrémité méridionale de l'Anti-Liban et le dernier sommet du Liban, que s'ouvre la vallée du Jourdain, à l'ouest de laquelle s'étend le pays de l'ancienne Galilée. Le fleuve, qui n'a guère plus de 20 mètres de largeur, traverse le lac de Tibériade, une nappe d'eau de 19 kilomètres de long sur 10 de large environ, et va se perdre dans la mer Morte (ou lac Asphaltite), après un cours de 25 lieues tout au plus. La ville sacro-sainte, qui fut autrefois le chef-lieu de la région, repose sur deux rangées de collines qu'entourent de toutes parts, sauf au nord, des ravins profonds et sinueux. Le site est des plus chaotiques. Deux coupures d'*oueds* qui, plus au sud, confluent l'une dans l'autre, le sillon de l'Hinnom et la gorge du Cédron, nommée, en aval, vallée de Josaphat, l'enferment dans une sorte de triangle irrégulier dont le point culminant, le mont Sion, atteint l'altitude de 775 mètres.

Sur ce plateau sud, le plus escarpé, s'élevait, originairement, la forteresse des Jébuséens, dont le roi David s'empara une dizaine de siècles avant Jésus-Christ, et qui, agrandie par lui, fut la cité haute et garda son nom. Ce n'est pas là toutefois que fut érigé le fameux temple ; ce fut sur une éminence plus basse, située à l'est de la précédente, le mont Moriah (actuellement Haram), qui communiquait avec le mont Sion par un pont jeté sur la gorge que Josèphe appelle le Tyropéon ou vallée des Fromagers. La grande mosquée turque s'y élève également aujourd'hui. Au nord, se dresse une hauteur plus considérable qui portait le nom d'Acra. Quant au mont des Oliviers (800 mètres environ), il est, on le sait, en dehors de la ville, par delà le torrent du Cédron, qu'enjambe un pont de pierre conduisant, par le lieu dit Gethsémani, au tombeau de la Vierge et à la grotte de l'Agonie. Une ancienne église de l'Assomption, transformée, bien entendu, en mosquée, couronne une des cimes du relief.

L'aspect actuel de Jérusalem est celui qu'offrent toutes les villes de l'Orient : des rues étroites, irrégulières, mal pavées, des bazars voûtés, comme à Smyrne et au Caire, des maisons d'argile aux portes basses, aux fenêtres grillées, des terrasses surmontées de minarets, tel se présente l'ensemble urbain divisé en quatre quartiers qu'enserre l'enceinte à tours et bastions, percée de sept portes, bâtie au milieu du seizième siècle par le sultan Soliman. C'est dans la ville franque, au nord-ouest, que se trouvent, naturellement, les principaux couvents, les consulats, et aussi cette fameuse église de la Résurrection ou du Saint-Sépulcre, édifice à coupole, primitivement élevé par Constantin le Grand, sur l'emplacement supposé du tombeau de Jésus et du Golgotha. Là aussi se déroulent les principales artères de la ville, la rue du Bazar, qui, au temps des Croisades, s'appelait rue de David, et la rue Chrétienne, qui aboutit au Saint-Sépulcre, à travers la série de ruelles étroites partagées en « stations », qu'on appelle la « voie douloureuse », et où était jadis le prétoire de Pilate. Le quartier des Arméniens, sis au sud-ouest, renferme le vaste couvent du même nom ; celui des Musulmans, au nord-est, est le siège du gouvernement turc ; là est le Seraï, ainsi que la célèbre mosquée d'Omar, dont la coupole domine toute la ville. Au sud-est enfin, sur les pentes du mont Sion et dans le creux du Tyropéon, est le quartier juif, qui, à Jérusalem comme partout, offre l'image accomplie de la malpropreté et de la misère.

Au temps de sa courte splendeur, alors que la cité d'Israël, avec ses palais somptueux et sa grande muraille environnant le temple ruisselant d'or et de pierreries, était le siège d'une cour brillante et l'aboutissant des routes suivies par les caravanes du désert, elle mesurait, assure-t-on, un circuit de plus de 50 stades (9 kilomètres) et comptait 100 000 habitants. De nos jours, son pourtour n'est plus que de 4 300 mètres et sa population totale ne paraît pas excéder 25 000 âmes.

V

En attendant que le percement de l'isthme de Corinthe ait relié, à travers 6 kilomètres et demi de terres, le golfe de Lépante à celui d'Égine, c'est par les wagons de la Compagnie hellénique que le voyageur arrivant de l'ouest gagne la station et le port de Kalamaki. Quelle navigation merveilleuse il a eu l'heur d'accomplir jusque-là ! Parti de Gallipoli, le délicieux havre italien de la côte est de la baie de Tarente, il a laissé tour à tour derrière lui toutes les îles verdoyantes et boisées qui essaiment dans ce bassin de la mer Ionienne, la grande Corfou, la petite Paxos, puis Leucade, puis Céphalonie avec la riche ceinture de collines d'Argostoli sa mignonne capitale. Entré ensuite dans le golfe hellénique, il a vu tout à coup surgir à sa droite, au-dessus des rives de l'ancienne Élide, les avant-monts du fameux Érymanthe. De Patras, le grand havre d'escale de la route, il a continué de voguer au nord-est, a franchi l'étroit sund qu'enserrent deux monts placés face à face à peu près comme ces « deux nez » qui, au sud de Vitznau, séparent le lac de Lucerne de la coupe plus étroite d'Uri, et, une fois dans le golfe intérieur, il a aperçu, émergeant à sa gauche, au-dessus de Delphes qui reste cachée, la gigantesque tête blanche du Parnasse. Plus loin, c'est l'Hélicon, dont l'énorme croupe s'est avancée dans la mer, comme si elle voulait donner l'accolade à la cime neigeuse du Cyllène qui lui fait vis-à-vis sur la rive achéenne ; puis enfin la rougeâtre citadelle de Corinthe lui est apparue tout au fond de ce long couloir de roches pittoresques. Là, il a débarqué, pour s'engager par la vaste lande couverte de cyprès, de caroubiers, de pins maritimes, de hauts genêts, qui se prolonge jusqu'à la baie de Saronique. Trois heures de chemin de fer encore, et il a stoppé en gare d'Athènes, à moins, ce qui est bien préférable pour qui recherche les perspectives, qu'il n'ait, une fois à Kalamaki, repris bravement le paquebot du Pirée.

Avec quel ravissement alors, passé la pointe de Salamine, il a vu se développer tout à coup devant lui la plaine entière de l'Attique et les montagnes qui la sculptent : au fond, le Pentélique, à droite, la crête de l'Hymette, à gauche, le Parnès au profil dentelé et rythmique ; puis, au centre de l'aire, la traînée onduleuse de collines qui courent en saccades près du rivage, séparant le Pirée de Phalère.

C'est au pied de cette chaîne, à 5 kilomètres en ligne droite de la mer et à 8 et demi du Pirée, entre le Lycabette, au nord, et le rocher de l'Acropole, au midi, que s'élève la moderne capitale que les Grecs appellent *Athinè*. La ville antique, « l'œil de l'Hellade », comme disent les vieux poètes, s'étendait au contraire au sud et à l'ouest de l'Acropole, entre l'Ilissos et le Céphise, sur une série d'intumescences (l'Aréopage, le Pnyx, la colline des Nymphes, celle du Musée, etc.), aujourd'hui presque inhabitées et revêtues de ruines. Voyons d'abord ce qui subsiste de cette dernière.

L'Acropole, où l'on monte par une rampe couverte d'arbres verts, de palmiers, d'aloès, est un rocher isolé, de 154 mètres de hauteur et de 320 de long environ, à pic de tous côtés, sauf à l'ouest. Il représente la cité primitive de Cécrops, laquelle fut ensuite consacrée à Minerve et prit de cette déesse son nom d'*Athéné*. Ce fut Thésée qui, le premier, fit bâtir dans la plaine d'alentour la ville basse que Pisistrate commença d'embellir. Saccagée par les soldats de Xerxès, celle-ci fut relevée par Thémistocle, qui en accrut l'importance en la joignant au Pirée par les Longs-Murs, ou « longues jambes ». Bientôt après, sous Périclès, elle était devenue une immense cité, réputée alors la merveille du monde. Son enceinte, y compris les petits ports de Munychie et de Phalère, rattachés par des remparts au Pirée, mesurait 200 stades, c'est-à-dire 36 kilomètres de pourtour.

La décadence d'Athènes commença à partir d'Alexandre de Macédoine. Prise plus tard par Sylla, elle n'en resta pas moins, nous le savons, l'éducatrice et l'institutrice de Rome. Par elle, la Grèce vaincue imposa son esprit, ses doctrines et ses arts aux barbares qui l'avaient asservie, et, de plus en plus rayonnant, l'hellénisme finit par se répandre non seulement dans toute l'Italie, mais en Asie même et sur le Bosphore. Au moyen âge cependant, Athènes était presque oubliée. Les pèlerins qui se rendaient en Terre Sainte ne pensaient pas même à la visiter. Les Turcs, en s'en emparant à leur tour, ne la dévastèrent pas de dessein préconçu ; seulement ils en usèrent avec elle comme firent les Romains eux-mêmes avec les édifices de la ville des Césars. Ne voulant pas se donner la peine d'extraire du sol de l'Attique les blocs de marbre qu'il recélait, ils empruntèrent à la cité de Périclès les matériaux de leurs nouvelles constructions. Ce fut pour eux une sorte de carrière à moellons qu'ils exploitèrent à leur fantaisie, et, de même qu'à Rome les Barberini s'édifièrent une fastueuse résidence avec les pierres prises au Colisée, on vit à Athènes un vaïvode se construire une villa entière avec le pavé du temple de Thésée. On sait aussi comment, plus tard, en 1687, les bombes vénitiennes incendièrent le

ATHÈNES.

temple de Minerve, si bien qu'un jour vint où la merveilleuse Acropole, victime à la fois des hommes et du temps, à demi bouleversée, jonchée de débris, mutilée encore en cet état par toutes sortes de convoitises sacrilèges, ne fut plus qu'un amas de frontons brisés, de reliefs de colonnades branlantes et de statues émiettées.

Aujourd'hui ce vandalisme a pris fin. Sur l'Acropole même, grâce au ciel, au milieu de la poussière de vingt siècles, trois sanctuaires sont encore debout, sans compter ce monumental vestibule que l'on appelle les Propylées. On a restauré le temple de la Victoire, relevé l'Erechthéion, déblayé enfin la colline tout entière, dont le touriste peut faire le tour. Le temple de Thésée, qui se dresse en dehors de la ville, sur une esplanade voisine de la gare, est devenu un musée ; la tour des Vents a été isolée ; les colonnes de Jupiter Olympien, près de l'Ilissos, ont été consolidées : bref, tout ce qui était possible, on l'a fait, pour sauver tardivement d'une ruine absolue les vestiges de la glorieuse ville de Minerve.

A part l'écheveau misérable de ruelles et de cabanes qui se groupent actuellement au pied de l'Acropole, et qui sont les restes du village-campement établi par les Turcs, la cité moderne a des rues généralement larges et bien dessinées. Une des plus belles est celle d'Hermès, qui se dirige, d'est en ouest, de la gare à la place de la Constitution, et qui figure en quelque sorte la limite entre l'ancienne Athènes et la nouvelle. C'est au nord de cette voie que se trouve le gros du massif urbain. La ville a rejoint de ce côté la bourgade de Néapolis, sise au pied ouest du Lycabette. Un autre boulevard, large de 36 mètres, va de la place Omonia à celle de l'Université et du Château, en contournant l'Acropole. Citons encore la rue Stadion, celle d'Éole, qui conduit de l'Horologion (tour des Vents), sur 2 kilomètres de longueur, vers Patissia au nord, et la rue Athéné, à l'est de laquelle se dresse, sur une éminence, au pied du Lycabette, le palais du roi, vaste édifice quadrangulaire avec une façade en marbre du Pentélique.

L'Université, située au nord-ouest de la ville, est aussi un grand palais de marbre, décoré de sculptures et de peintures. Parmi les églises, mentionnons l'ancienne cathédrale de style byzantin, bâtie au seizième siècle avec les débris de temples païens ; c'est un édifice assez mesquin, avec une coupole haute seulement de 12 mètres ; puis Saint-

Théodore, qui est surmonté d'un clocher et d'un dôme. Sauf les jardins du palais royal, la ville est pauvre en verdure et en plantations.

Presque entièrement reliée au Pirée par un long chapelet de maisons, Athènes tend à redevenir une cité maritime, comme elle l'était autrefois, quand elle ne formait qu'un tout avec ses deux ports. Sa population, qui s'accroît assez rapidement, est aujourd'hui de près de 100 000 âmes. Redeviendra-t-elle cependant jamais une grande capitale? Rien ne donne à le penser. Le beau rêve de l'Hellade renaissante semble bien loin aujourd'hui. Cette hégémonie, qu'elle avait espéré un moment ressaisir sur l'ancienne péninsule grecque et ses îles, menace de lui échapper de plus en plus, au profit de combinaisons panslavistes qui apparaissent comme le jeu de casse-tête de la politique contemporaine. Si les ambitions de la cité de Périclès sombrent au milieu de ce gâchis, la faute, on le doit reconnaître, n'en sera pas toute aux sultans de Stamboul.

VI

Stamboul, la clef dorée de deux mers et de deux mondes, ravie par Allah au Dieu des chrétiens, la voilà qui surgit radieuse devant nous. Comment l'ex-bourgade Thrace de *Lygos* est-elle devenue la cité reine dont nous allons évoquer l'image? ce n'est pas un chapitre d'histoire à placer dans cette série d'aperçus. Disons tout de suite que la Constantinople actuelle, à cheval sur l'Europe et l'Asie, comprend trois villes distinctes, que sépare l'une de l'autre un bras de mer, mais qui ont ce caractère commun, qu'elles s'étendent, chacune avec la même grâce, sur les flancs de collines également féeriques.

La première est Stamboul, la « ville » proprement dite, qui s'ouvre peu à peu, quoique à regret, aux innovations et aux idées de l'Occident. Située au sud de la Corne-d'Or, elle s'allonge, entourée encore de trois tronçons de murailles, sur une série de hauteurs ondulées, étendues d'ouest en est, et de 110 mètres environ d'altitude, qu'on subdivise en sept collines. Une petite dépression, au fond de laquelle coule le ruisseau le Lycus, se creuse dans ce groupe d'intumescences. Sa figure offre l'aspect d'une sorte de triangle dont la base, tournée vers l'ouest, regarde les campagnes de la Thrace et de la Roumélie, tandis que le côté nord s'étend le long de la Corne-d'Or, et le côté sud sur la mer de Marmara. La pointe en est entre cette mer et le Bosphore.

La seconde, la ville franque, est au nord de la Corne-d'Or, sur une autre crête, sillonnée de plusieurs dépressions, qui se dirige à peu près du nord au sud, entre la baie susdite et le Bosphore. Elle se compose des deux faubourgs superposés de Galata et de Péra. C'est la résidence des ambassadeurs, des banquiers, des négociants européens ; c'est le coin enfoncé par l'Occident dans le vieux monde décrépit de l'Islam. A son extrémité ouest, au delà des murs, tout au fond de la Corne-d'Or, un vallon, enserré de hauteurs à pic, enferme le faubourg d'Eyoub, avec la mosquée et le cimetière du même nom.

La troisième ville est Scutari, la ville d'or (*Chrysopolis*). Celle-ci s'élève en Asie, c'est-à-dire de l'autre côté du Bosphore, sur les pentes inférieures du mont Boulgourlou, qui forment la dernière sinuosité du détroit vers la mer de Marmara. C'est la cité turque par excellence, celle où résident les Musulmans de vieille roche qui repoussent obstinément tout contact avec les *infidèles* ou Roumis. Ajoutons que l'on regarde, de nos jours, comme faisant aussi partie de ce triple ensemble la banlieue de villages éparpillés sur les deux rives du Bosphore jusqu'à son évidement nord le plus large, celui de Bouyouk-Déré.

Le Bosphore est formé de sept bassins successifs et tortueux, marqués sur chaque rive par sept promontoires auxquels correspondent sept baies opposites. La longueur totale de ce défilé aquatique, illustré jadis par l'expédition des Argonautes, puis par celle de Darius contre les Scythes, est de sept lieues environ, sur une largeur variant de 550 à 2 000 mètres (1 500 devant la pointe de Stamboul). La Corne d'Or (*Chrysokeras*), ainsi nommée, tant à cause de la beauté prodigieuse de sa figure et de ses rivages que des richesses qu'y apportaient autrefois les navires venant de tous les points du monde, apparaît, en réalité, comme une continuation latérale du Bosphore du côté de l'ouest. Cette échancrure allongée, — une baie qui ressemble à un canal, — s'étend du sud-est au nord-ouest sur une longeur de 11 kilomètres et une largeur moyenne de 450 mètres (sauf l'évidement médian où est situé le port de guerre), depuis la pointe du Séraï jusqu'à la charmante et fraîche vallée, de 4 kilomètres environ, que l'on appelle les Eaux-

Douces, à cause des deux petites rivières (l'ex-Barbyzès et l'ex-Cydaris), issues de l'immense forêt de Belgrade, qui serpentent entre ses jolis bouquets d'arbres et ses élégantes villas. Jusqu'à notre siècle, il n'y eut sur la Corne-d'Or que l'antique pont de bois byzantin à pilotis qui a été démoli à l'époque de la guerre de Crimée. En 1837 et en 1845, deux autres ponts flottants y furent établis pour faciliter les relations entre les faubourgs du nord et Stamboul : puis ils furent remplacés par les deux ponts actuels à péage, qui s'ouvrent par le milieu pour livrer passage aux navires : savoir, en amont, le Vieux Pont, au débouché duquel, sur la rive droite, se dresse une sorte d'arc de triomphe en pierre sculptée, et, en aval, le Grand-Pont, ou pont de Galata, qui sépare le port de commerce du petit port, et près duquel stationnent les bateaux à vapeur de la Corne-d'Or.

Prenons une idée sommaire, en commençant par Stamboul, de chacune des trois villes dont se compose la Constantinople actuelle, dont le pourtour total est de 23 kilomètres environ.

Sur le plateau de la colline orientale, quartier reconstruit avec des rues assez belles, depuis les derniers incendies (1865-1870), se présente d'abord à nous le Séraï, qui occupe l'emplacement des palais impériaux de l'ancienne Byzance. C'est une aire entourée de toutes parts d'une muraille à créneaux et à tours carrées. A sa partie extrême s'élevait, avant 1865, ce palais d'été des sultans, qui était une merveille de luxe et de goût ; l'incendie susmentionné l'a détruit, et la gare du chemin de fer d'Andrinople a achevé la mutilation de l'espace. Du vieux Séraï, il ne subsiste aujourd'hui qu'une fraction. Cette vaste enceinte que, du côté de la terre, des murs séparent de la ville ottomane, est remplie en majeure partie par de grands jardins étagés en terrasses, plantés de cyprès et de platanes gigantesques, où nichent des kiosques de tout genre. De l'observatoire naturel que figure la pointe nord-est du plateau, on domine à la fois la mer de Marmara, le Bosphore et la Corne-d'Or ; mais le Grand-Seigneur ne réside plus dans le Séraï de Stamboul ; il s'est fait bâtir sur l'autre rive un nouveau palais de marbre dont on raconte aussi des merveilles (car l'étranger n'y pénètre pas), et maintenant il ne vient presque plus dans la vieille Byzance.

Sur cette même colline de l'est s'élèvent la Douane, la Monnaie, l'église Sainte-Irène, puis cette fameuse basilique de Sainte-Sophie pour l'ornementation de laquelle Constantin le Grand fit dépouiller les temples d'Ephèse, d'Héliopolis, d'Athènes, de Délos, de Cyzique, et au front duquel Mahomet II a substitué le croissant à la croix. Là est aussi une autre mosquée splendide, à six minarets (Sainte-Sophie n'en a que quatre): c'est celle du sultan Ahmed, le grand sanctuaire de l'Islam après le temple de Constantin, lequel vient lui-même immédiatement après la mosquée de la Mecque. Dans le creux intermédiaire entre la première colline et la seconde, sont les bâtiments officiels de la Sublime-Porte, ainsi nommée de leur entrée principale, construction de marbre monumentale surmontée d'un immense auvent et flanquée de fontaines. La deuxième colline ou ondulation de terrain porte une autre mosquée à minarets ; dans son creux, dont l'ouverture nord correspond à l'entrée du grand pont, se présentent la mosquée de la sultane Validé, puis les grands bazars (rue Ouzoun Tcharchi), plusieurs khans (*Hans*), et, un peu en contre-haut, la mosquée de Bajazet, sur la place du même nom.

On sait qu'en Orient, il n'y a pas de boutiques comme chez nous. Le commerce de détail se concentre en des quartiers spéciaux fermant par des portes. Là, dans des galeries voûtées et pourvues de magasins dont notre Temple de Paris ne saurait nous donner une idée, sont réunies toutes les espèces de denrées et de produits : c'est ce qu'on appelle les Bazars, en turc *Tcharchi*. Il en existe dans tous les quartiers de la ville; chaque corporation de marchands a le sien. Il y a le bazar aux poissons, les bazars aux bois, aux selliers, à la farine, aux drogues, aux cuirs, aux guenilles (littéralement : *le bazar aux poux*), etc. Mais, il y a, en outre, le Grand Bazar, on *Besesten*, qui est le quartier du commerce par excellence ; c'est celui de Stamboul : toute une ville dans la ville ottomane, avec des rues, ruelles, passages, carrefours, places, fontaines, un véritable labyrinthe où l'étranger n'arrive pas aisément à se retrouver. Chaque rue en est affectée à une spécialité : ici, on vend des babouches et des chaussures de toute sorte, pailletées, passementées, agrémentées de la manière la plus fantastique; ailleurs sont les marchands de cafetans, de robes de chambre, d'étoffes de Brousse, de soieries; ailleurs encore, se débitent les huiles, les parfums, les drogues; puis il y a la région de la joaillerie, celle des housses, celle des armes de Damas, et la galerie des petits métiers, des fabricants de pipes, de narghilés, de cassettes, etc. Quant au trafic de la chair humaine, pour être devenu clandestin, il n'en est pas moins toujours florissant. Les *Khans*, dont j'ai parlé ci-dessus, sont les endroits affectés au commerce de gros; il y en a 180 à Constantinople. Ce sont de vastes édifices avec une cour intérieure à portiques, sur laquelle s'ouvrent plusieurs étages de magasins combles de denrées, et des salles où logent les voyageurs et marchands. Tous les négociants étrangers ont leurs bureaux ou comptoirs à Péra-Galata.

Sur la troisième colline de Stamboul, se trouvent: l'ancien Séraï, ou Séraskiéral (ministère de la guerre), dont la fameuse tour, construite par Mahomet II, domine toute la cité turque; puis l'immense mosquée de Soliman le Législateur, surmontée de quatre minarets et d'une infinité de coupoles. Dans le vallon transversal qui suit (tous ces accidents de terrain se succèdent le long de la Corne-d'Or), voici le pittoresque aqueduc de Valens, à deux étages d'arcades. Quoique datant de l'époque byzantine, il sert encore à l'alimentation de tous les quartiers est de Stamboul; voici également le château ruineux des Sept-Tours, la Bastille de Constantinople, avec cette différence toutefois que les Janissaires, au temps de leur puissance, confinaient dans cette prison d'État les sultans eux-mêmes, après les avoir détrônés. Voici, — souvenir plus sinistre encore que celui des *Puits* de Venise, — le cachot où l'on reléguait les ambassadeurs des puissances avec lesquelles les Sultans étaient en guerre, celui où l'on décapitait secrètement les condamnés; le « puits de sang », la petite cour où l'on entassait les têtes jusqu'à ce que la pyramide atteignît le sommet des créneaux, enfin, la « caverne sourde » où les détenus étaient mis à la torture.

Sur la quatrième éminence, se dresse la mosquée de Mahomet; sur la cinquième, celle de Sélim; à ses pieds, sur la Corne-d'Or, est le Phanar, ou quartier grec, avec l'église patriarcale de Saint-Georges et la mosquée des Roses. La sixième colline, à l'angle nord-ouest de Stamboul, sert d'assise à l'ancien quartier byzantin de l'Hebdomon et aux ruines de l'ex-palais de Constantin. Au-dessous d'elle, est le quartier juif de Balata. Enfin, la septième hauteur est figurée par la colline basse en forme de pyramide tronquée qui limite au sud la vallée du Lycus.

CONSTANTINOPLE ET LE BOSPHORE.

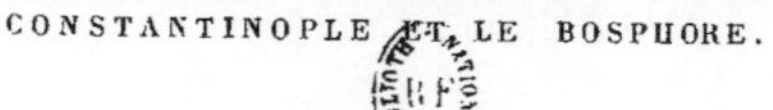

Passons maintenant sur la rive nord de la Corne-d'Or. Là sont, je l'ai dit, les deux faubourgs de Péra et de Galata, mis en communication souterraine l'un avec l'autre par un chemin de fer qui part de la place du Tunnel, à Péra, pour aboutir près du carrefour de Kara-Keuï, à la tête nord du Grand-Pont. La « grande rue » de Péra, où s'élèvent les hôtels fréquentés par les étrangers, est la première région de Constantinople qui frappe le regard du voyageur nouvellement débarqué; car, dans la ville proprement dite des Croyants, il n'y a pour ainsi dire pas d'hôtelleries. Cette artère, dont une partie a été depuis 1870 reconstruite avec une largeur suffisante pour donner place à une voie de tramways, suit, sur 1 kilomètre et demi de longueur en ligne droite, la crête de la colline qui porte les deux faubourgs francs. Dans cette région se trouvent des jardins publics servant de promenades, les plus belles boutiques, les agences de commerce, les cercles, un grand gazomètre, le lycée impérial de Galata-Seraï; là se concentre la vie élégante et européenne. La « grande rue » commence à la place du Taxim et finit par un plan déclive à la rue en escalier par laquelle on descend à Galata, quartier dont les files de maisons, vues de la mer, semblent escalader péniblement les âpres parois de la colline. Une rue transversale à droite conduit, de cette section terminale de l'artère maîtresse, à la place irrégulière et peu majestueuse d'aspect où se dresse la tour de Galata. C'est des fenêtres de la salle supérieure de cette fameuse tour, qui domine la mer de près de 150 mètres, qu'on peut le mieux contempler le panorama de Constantinople, y compris le faubourg transbosphorien de Scutari et les monts de Bithynie qui ferment de ce côté l'horizon.

Constantinople possède près de 500 mosquées, dont une centaine sont d'anciennes églises byzantines appropriées au culte de l'Islam. A Stamboul même, en fait de monuments chrétiens, il n'y a que des temples grecs et arméniens, dont aucun, on le sait, ne peut avoir de cloches. Quant aux antiquités byzantines, les principales sont : les substructions de l'Hippodrome que Septime-Sévère avait fait ériger, en vue des jeux du Cirque, sur le versant de la première colline qui regarde la mer de Marmara; celles du palais de Justinien, qui se présentent, tout près de là, à l'angle d'un mur; le palais constantinien de l'Hebdomon; le portique Carien, du septième siècle, transformé en dépôt à charbon; l'aqueduc déjà nommé de Valens; la prison mystérieuse d'Anéma, encastrée dans l'ancien mur d'enceinte; les ruines du portique de Domninus; la vieille citerne Arcadiane, celle des Mille-et-Une-Colonnes, et d'autres encore que les Turcs ont laissé dépérir, et qu'un vaste système hydraulique amenant, des réservoirs dits *Taxims*, l'eau aux fontaines et aux bains renommés de la ville, remplace d'ailleurs avantageusement aujourd'hui.

Les environs de Constantinople sont les plus splendides que l'on puisse rêver. Il y a d'abord la promenade déjà mentionnée des Eaux-Douces, où l'on peut, au choix, se rendre en bateau à vapeur, en caïque, en voiture ou à cheval; puis les côtes du Bosphore, le long desquelles voguent sans cesse des flottilles de bâtiments de commerce, de frégates, et de barques peintes de toute sorte. La rive d'Europe n'est qu'un long chapelet de stations, reliées entre elles par des palais de marbre aux grilles d'or, des villas, des jardins, des kiosques étagés au-dessus des flots bleus. Chaque promontoire a pour couronne une mosquée aux altières coupoles. Voici par exemple Roumeli-Hissar, le « Château d'Europe », avec ses trois massives tours environnées d'une nichée de tourelles; le tout, gris de vieillesse, treillissé de verts feuillages de figuier, se dresse sur une langue de terre au point le plus étroit du Bosphore, là où l'Europe et l'Asie font mine de se tendre la main. C'est à cet endroit que Darius jeta le pont sur lequel passa son armée de 700 000 hommes. Voici plus loin Therapia et son golfe, sur lequel débouche la vallée de « l'Eau-Fraîche », et où s'élèvent les palais d'été des ambassadeurs européens. Voici Bouyouk-Déré, sa voisine, plus charmante encore, tout un immense parterre de fleurs où nichent les maisons de campagne et les kiosques. En deçà, s'ouvre la large et verdoyante vallée par laquelle on atteint le grand aqueduc de Mahmoud Ier, et la fameuse forêt du village de Belgrade, où des bergers sauvages à souhait font paître d'innombrables troupeaux de buffles, de bœufs et de moutons.

Sur la côte d'Asie, par delà le rocher sur lequel se dresse la Tour de la Vierge, appelée à tort Tour de Léandre, voici le gros faubourg exclusivement turc de Scutari (*Ouşkoudar*) qui ne compte pas moins de 50 000 habitants. Il est bâti en amphithéâtre juste en face de l'entrée de la Corne-d'Or. Le sol de Scutari est considéré comme terre sacrée.

Là, a été fondée la dynastie des Ottomans ; de là l'Islam est parti pour se répandre sur l'Europe. Quiconque tient à finir en bon orthodoxe, se fait enterrer dans le grand cimetière, — le premier de l'Orient, — qui se trouve de ce côté du Bosphore, un immense bois de gigantesques cyprès, qui couvre, sur plus d'une lieue d'étendue, le plateau à droite de la ville. Le quartier oriental de Scutari, le seul qui ne contient pas de mosquée, s'appelle pour cette raison le « quartier sans prières ». La grande rue du faubourg, très vivante, et aux maisons peintes en rouge pour la plupart, se continue, par une route bordée de riches villas et encadrée de vignobles qui produisent le meilleur vin de la contrée, jusqu'au village haut perché de Boulgourlou (240 mètres). Quelle perspective on découvre de là ! Au nord le Bosphore, jusqu'à la mer Noire ; à l'est, les montagnes et les plaines de l'Asie ; à l'ouest, Constantinople entière avec ses dômes et ses minarets ; au sud, la mer de Marmara et le groupe paradisiaque des îlots des Princes, qui apparaissent au milieu des flots comme une éclaboussure de l'Olympe de Brousse, et où, plusieurs fois par jour, des vapeurs se rendent du Grand-Pont. Est-il possible d'imaginer panorama plus grandiose et plus riche en couleurs?

CHAPITRE IX

De Calcutta à Tokio par Pékin et Yokohama.

I

Les grandes métropoles de l'Indoustan et de l'Asie extrême sont moins des villes que d'énormes juxtapositions de centres parcellaires et de bourgades, dont l'ensemble est absolument dépourvu d'homogénéité et de cohésion. Que représente, par exemple, Calcutta, la capitale de l'Empire britannique des Indes, l'immense cité qui ne compte pas moins de 1 600 000 âmes, et qui, du septentrion au midi, s'étend sur 8 kilomètres de longueur? Une agglomération toute disparate, composée d'une « ville noire », d'une « ville blanche » à laquelle attient le « quartier des Arméniens », et d'une infinité de faubourgs et de villages la plupart séparés par des espaces vagues.

La Ville Noire, ou *Palta*, peuplée uniquement d'indigènes, n'est guère qu'un assemblage de cases de roseaux et de bambous, mêlées de maisonnettes d'argile et de briques, le tout formant un écheveau de rues étroites et sordides dominé par des temples indous, des mosquées sans nulle apparence architecturale, où trône la divinité favorite du peuple, cette sanglante *Kali* qui ne vit que de sacrifices humains et dont les idoles sont toujours entourées de crânes et de cadavres. Par contre, la Ville Blanche, dans laquelle habitent les Européens, et qui s'élève tout entière au midi, ressemble assez, avec ses vastes rues droites, à une cité neuve d'Occident. C'est celle que l'on aperçoit tout d'abord, en remontant l'Hougly, comme on appelle le bras occidental du Gange sur lequel Calcutta est assise, et ce premier aspect ne laisse pas de produire une certaine impression. Au sortir des terrains à demi noyés qu'il a traversés depuis la mer, le voyageur voit tout à coup surgir, à l'extrémité d'une grande esplanade, une ligne imposante de palais et de maisons, décorés de colonnes et de vérandas, d'où pointent de toutes parts les clochers, les flèches, les dômes, les aiguilles, et au devant de laquelle, sur le large fleuve, apparaissent des centaines de navires de toute nationalité et de tout pavillon. Sur les quais, dans les rues, se presse une foule bigarrée au possible, Hindous à la face noire, Maures au teint olivâtre, Anglais à la carnation rose et blanche, à travers laquelle circulent, en un pittoresque pêle-mêle, des files de voitures et de palanquins. Les squares sont bien tenus, les magasins ont de somptueuses façades. En face, sur la rive droite, s'étend un superbe jardin botanique dont les gigantesques figuiers et les baobabs dix fois séculaires résistent du mieux qu'ils peuvent aux terribles typhons de la contrée. Le Fort William, l'Arsenal, le palais du gouvernement, l'Hôtel de ville, avec la statue de Waren-Hastings, le Tribunal, la cathédrale de Saint-Paul, sont les principaux édifices de ce quartier, où la haute colonie britannique, ainsi que les princes et les grands personnages hindous, toujours nombreux à la cour du vice-roi, mènent absolument le train du *high life* de Londres, exhibant le soir à l'envi, sur le *Strand* découvert qui longe le fleuve, leurs toilettes fastueuses et leurs équipages.

Quant aux faubourgs et aux villages suburbains, ce ne sont, comme la Ville Noire, que des amas d'artères fangeuses et de cabanes de paille et de bousillage. Seuls, quelques riches indigènes ont, eux aussi, sur les rives de l'Hougly, au nord de la Ville Blanche, de belles maisons avec toits en terrasse. C'est aussi de ce côté de Calcutta, le seul où la plaine soit salubre et fertile, — partout ailleurs elle n'est que marécage, — que les Européens ont placé leurs villas de plaisance, aux jardins clos de haies d'aloès et de sapins. C'est là également, dans le village de Barackpour, qu'est le palais d'été du vice-roi avec son parc et sa ménagerie.

La population de Calcutta offre une moindre variété de types que celle de Bombay, la grande cité de la côte ouest. A part quelques

Chinois et Birmans, les habitants appartiennent presque tous aux races du nord de la péninsule. Les portefaix pour la plupart sont originaires du district montueux de l'Orissa; la classe inférieure et la bourgeoisie se composent surtout de Bengalis. Reliée par des chemins de fer au reste de la région hindoue, et, par un service de steamers, à la côte sud-est de l'Asie, à l'Australie, à l'Amérique, à l'Europe, Calcutta est un centre de commerce important. Le trafic fluvial avec l'intérieur n'emploie pas moins de 600 bâtiments; en aval, l'Hougly reçoit plus de 2 000 navires. Cependant, ceux qui calent plus de 500 tonneaux ne peuvent arriver à la ville même ; ils sont obligés d'atterrir aux stations situées au-dessous d'elle, et spécialement à Port-Diamant (*Diamond Harbour*).

II

De même que la métropole de l'Inde britannique, Pékin, la capitale de la Chine, est une juxtaposition de villes subdivisées elles-mêmes en parties distinctes et portant des noms différents : savoir, au nord ; la ville intérieure, « tatare » ou « mandchoue », qui est le quartier officiel et militaire; au sud, la ville extérieure ou « chinoise », qui est le centre du commerce et de l'industrie, et communique seulement par trois portes avec la précédente ; puis, autour de ce double groupe, une douzaine de faubourgs peuplés de prolétaires, de jardiniers, de briquetiers.

La capitale des Célestes s'appelait anciennement *Tchieng-Tien* — pour les Européens au moyen âge, c'était *Cambaly*, la « cité des Khans ». Les incursions continuelles des Tatares amenèrent en 1403 l'empereur Tungho à s'y établir, et ce fut lui qui changea son nom en celui de Péking, que les Chinois prononcent *Pehtsching*, et qui signifie « Résidence du Nord », par opposition à Nankin, « Résidence du Sud ». En 1644, les Mandchous conquirent la ville et en firent la tête de leur empire.

Pékin s'élève à 37 mètres d'altitude, dans la vaste plaine de la province du Petchili, à 20 kilomètres à l'ouest du fleuve Peïho, qui sort des monts frontières de la Mongolie et traverse deux fois la Grande

PÉKIN.

Muraille; mais deux autres petits cours d'eau arrosent la ville, qui est en outre reliée au Peïho par le grand canal impérial, long de 25 kilomètres, que remontent les barques marchandes. La superficie de l'ensemble urbain est évaluée à 45 kilomètres environ; seulement il s'en faut de beaucoup que tout cet espace soit habité. Quant à sa population, le manque de statistiques officielles ne permet pas d'en fixer le chiffre exact. Fort diminuée depuis la terrible guerre des Taepings, elle semble aujourd'hui inférieure à celle de Nankin, et même à celle de Tientsin, le grand marché du Petchili, sis sur le Peïho inférieur. Un million d'âmes à peu près, c'est tout ce qu'on peut lui attribuer.

La ville « chinoise », percée de sept portes, n'était jadis qu'un simple faubourg. Au commencement du seizième siècle, on l'entoura d'une massive muraille flanquée de tours et de bastions, et couronnée d'une plate-forme dallée sur laquelle peuvent circuler les chars. Ce rempart, encore assez bien conservé, a 15 mètres environ de hauteur. La cité n'a de maisons que sur une partie de sa surface; le reste est formé de terrains vagues entrecoupés de marécages, d'anciens cimetières et de champs cultivés. L'ensemble représente en réalité une sorte d'immense campement de foire, sillonné de places irrégulières qu'encombrent les chariots et les tentes, de chaussées inégales et malpropres, creusées de fondrières, sillonnées d'égouts nauséabonds, que bordent des files désordonnées d'échoppes vacillantes et de maisonnettes agrémentées de toutes sortes de pavillons et d'enseignes. Les ponts qui y enjambent les ruisseaux sont presque tous à l'état ruineux.

Le quartier le plus populeux est celui que traverse la rue Tacha-la-Eurl, où se trouvent les boutiques de curiosités, les marchands de porcelaines, d'émaux, de jades, de bronzes, de laques, et aussi les belles fruiteries, les magasins d'importation étrangère et les pharmacies. Une autre voie également curieuse de ce même quartier est la rue Leao-ti-Tchang, où se tient en hiver la fête des Lanternes. Son nom de « rue de la fabrique de Verre » lui vient des verriers qui l'occupaient autrefois. Aujourd'hui, elle est remplie de boutiques d'aquarelles, de libraires et de bouquinistes. Près de là aussi est la rue du Bœuf, habitée seulement par les musulmans, qu'attire le voisinage de la principale mosquée de Pékin.

Le coup d'œil d'ensemble, vu des murs, a quelque chose de saisissant:

temples, pagodes, kiosques, tours, maisons hautes et basses, essaiment au loin sur la plaine, interrompus çà et là par des arbres ou des jardins à l'aire gigantesque. Au sud-est, à l'extrémité d'un grand boulevard, sur un vaste morceau de campagne enclavé dans la ville, se dresse, entouré d'arbres séculaires, le temple du Ciel, en chinois Tientan, édifice à coupole de faïence vernissée, orné à l'intérieur et à l'extérieur de colonnades bleu d'azur et dorées, et qui occupe près d'une lieue de circonférence. Vis-à-vis de lui est le temple de l'Agriculture, plus élevé, avec trois toits superposés. Plus loin, en dehors des murs, se trouvent d'autres sanctuaires, celui de la Terre, celui du Soleil, celui de la Lune, etc.

La ville tatare, plus régulière, forme un quadrilatère dont les côtés regardent les quatre points cardinaux. De ses neuf portes partent de larges voies pavées qui dépècent le tout en quartiers symétriques coupés d'une infinité de rues moindres. Cependant, sauf autour des légations européennes et le long des avenues de triomphe, où s'arquent, au dessus des canaux, de splendides ponts de marbre décorés, à la mode chinoise, de toutes sortes d'animaux symboliques, le Pékin tatare n'est guère plus beau que le Pékin chinois. Sa caractéristique, c'est qu'il se compose de trois cités enchâssées l'une dans l'autre. A sa partie centrale en effet se trouve la « ville jaune » (Hohang-Tchen), environnée également de fossés et de murs. C'est le quartier saint, celui qui contient les palais des hauts fonctionnaires. Dans son aire est enclavé le palais ou l'ensemble de palais impériaux dont l'enceinte constitue la « ville interdite ». Son entrée principale, la « porte de la Grande Pureté », ne s'ouvre que pour les souverains et impératrices. C'est la « ville rouge » (Hohan-tschan-ti-Kong). Tous les toits y sont dorés, toutes les murailles enduites de laque. La majeure partie de sa surface est occupée par des lacs artificiels, des bosquets, et deux collines dont la plus haute, du sommet de laquelle on domine Pékin tout entière, s'appelle la montagne du Charbon. Dans ces jardins a été installé, il y a quelques années (1886), pour la plus grande joie du jeune prince Kuang et des dames de sa cour, un petit chemin de fer miniature, apporté tout construit de New-York, et c'est à la suite de cette expérience que le vice-roi du Petchili a commandé aux ateliers de la Buire, à Lyon, tout un train « pour de bon » composé de six wagons luxueux, aux panneaux ornés du dragon impérial, et réservés spécialement pour les voyages du souverain des Célestes.

Le commerce de Pékin est bien déchu depuis le temps de Marco Polo; cependant l'animation, le va-et-vient des chevaux, mulets et voitures, sont toujours grands sur la route qui rattache la ville à son port de Tientsin. Dans la banlieue, la principale industrie est le jardinage. Dix-huit villages de culture maraîchère alimentent les deux cités de légumes, de fruits et de fleurs. N'oublions pas les gisements de charbon et de marbre, péniblement exploités à l'aide de caravanes de bêtes de somme, que recèlent les montagnes voisines de Pékin. Et quels sites charmants et grandioses à la fois que ceux qu'on rencontre vers l'ouest, à deux heures de la ville au plus ! Aussi les habitations de plaisance et les beaux parcs y fourmillent-ils. Citons entre autres le fameux enclos impérial, dit palais d'Eté (Yuang-ming-Yuan), qui fut si odieusement pillé en l'année 1860 par les soldats européens vainqueurs au pont de Palikao, un des seuils de montée et de débardage du grand canal du Peïho. Partout enfin, des couvents bouddhiques, des temples pointent à perte de vue sur la succession de plaines et de collines qu'encadre l'amphithéâtre de ce mont Tahang-Ling sur la crête duquel court, au nord et à l'ouest, la ligne hérissée de tours de la grande muraille de la Chine.

III

De l'empire continental du Milieu à l'empire insulaire du Soleil levant, il n'y a que la traversée de la mer Jaune. On sait que, depuis 1868, le mikado ou empereur, fils et représentant des dieux, est le souverain unique du Japon. Le maire du palais qu'on appelait Siogoun (ou Taïcoun) a perdu son pouvoir; la féodalité des daïmios et samouraïs a été brisée sans retour ; le pays, jadis clos, s'est ouvert aux étrangers ; et, du même coup, il a renoncé à ses antiques mœurs et usages pour adopter la civilisation de l'Occident, ses chemins de fer, ses télégraphes, ses phares, son système administratif, éducateur, militaire, et le siège du gouvernement a été transporté de Miako à Yédo, dont le nom a été changé en celui de Tokio.

De même qu'Osaka est le port de l'ancienne capitale Miako-Kioto, de même Yokohama, toujours dans la grande île de Nippon, est celui de Tokio.

Bien que datant d'un quart de siècle à peine, Yokohama est déjà devenu un centre très important de commerce, qui compte près de 70 000 habitants. Toute une flotte de gros et de petits navires, bateaux à vapeur, voiliers, jonques plaquées de cuivre, bâtiments de pêche à la poupe effilée, y vient échanger les denrées étrangères contre les pro-

YOKOHAMA.

duits du pays. La cité nouvelle a de belles maisons à l'européenne, de spacieuses boutiques, de bons hôtels, voire des clubs, des courses de chevaux, des régates. A l'entrée de la baie, sur le côté est, opposé à la ville, se dresse un arsenal, œuvre d'un ingénieur français. Des lignes de paquebots relient le port à San Francisco d'une part, à Hong-Kong et aux Indes de l'autre ; par un chemin de fer, il communique avec Tokio, comme Tokio lui-même communique avec Biva par un autre *railway*, que l'on a tenu, coûte que coûte, à agrémenter d'un tunnel. Région délicieuse, s'il en fut, avec une température moyenne de 24 degrés centigrades en été, et, de plus, arrosée par d'abondantes pluies. Sur toutes les collines, autour de Yokohama, s'élèvent de charmants cottages; à l'horizon ouest, par un beau temps, on aperçoit, au-dessus du bas-pays admirablement boisé, la grande cime neigeuse et sacrée du Fusi-Yama, haute de 3 845 mètres, la fière montagne volcanique qui a surgi, dit-on, en une nuit, à peu près comme ce Monte-Nuovo des Champs-Phlégréens qui avoisinent Naples, et que toutes les peintures japonaises, sur bois, sur porcelaine ou sur laque, représentent avec le lac Hakoné où se réfléchit sa grandiose image.

De Yokohama à Tokio, la grande route de terre, — *to-kaïdo* chemin de l'ouest, — qui traverse l'empire de part en part depuis Nagasaki au sud jusqu'à Akodadé au nord, en reliant toutes les grandes cités des îles de Kiousiou, de Sikof et de Nippon, ressemble à une longue rue respirant le bien-être. Partout on ne voit que villages, riches cultures, vertes rizières coupées de petites collines à pentes douces. Des jardinets égayent les plus modestes demeures ; les parterres sont éblouissants. Chaque habitation a l'air d'un joujou pour l'élégance et la propreté ; murs et fenêtres arborent le papier le plus immaculé ; les solives sont grattées à souhait ; des bouquets d'arbres abritent de vieux temples à l'énorme toiture et à l'architecture fantaisiste.

Voici Tokio. De loin, avec ses parcs et ses jardins innombrables, la ville fait l'effet d'un immense fourré ; comme elle n'a pas de murs d'enceinte, elle se confond avec ses faubourgs, de même que ceux-ci semblent ne faire qu'un avec les villages d'alentour.

Elle est sise au fond de la baie peu profonde dont Yokohama occupe l'entrée, à l'embouchure et sur les deux rives du fleuve Sumidagawa, qui la sépare en deux parties, celle de l'est, la plus petite, celle de l'ouest, la plus grande, et qui se divise lui-même en plusieurs bras navigables aux barques plates des Japonais. Un autre courant d'eau moindre, affluent de celui-ci, arrose en outre la ville. Des ponts de bois qui franchissent le Sumidagawa, le plus remarquable est le Nippon-Basi, ou pont du Soleil-Levant, par lequel passe la grande chaussée ci-dessus mentionnée, et d'où les distances de l'Empire japonais se mesurent, comme jadis celles de l'Empire romain se mesuraient de la borne d'or du Forum.

La ville, aussi vaste que Paris, se compose de quatre quartiers, trois sur la rive droite du fleuve : Siro, Soto-Siro, Midsi, et un sur la rive gauche : Hondjo. Siro (le Château), qui comprend la moitié de la ville occidentale, d'un pourtour de 8 kilomètres, est environné d'un large fossé, où s'ébattent des oiseaux aquatiques de toute sorte, et d'une haute fortification. Dans son enceinte se dressent deux collines ; sur l'une, au centre, repose la ville officielle, c'est-à-dire l'ancienne résidence des Siogouns, devenue aujourd'hui celle des mikados, vaste ensemble d'habitations, de jardins, de temples et de palais, où logent aussi les hauts fonctionnaires.

Autour de Siro se trouve, enclos également d'un mur extérieur à fossé, Soto-Siro, autrement dit les « environs du Château ». Là s'élèvent quantité de palais des anciens daïmios et les casernes des Hatamotos (gardes du corps), ex-officiers du Siogoun, toutes demeures très bien entretenues, crépies à blanc au dehors et au dedans, mais d'une architecture identique et fort simple.

Sous Soto-Siro s'étend, réuni à lui par de nombreux ponts, Midsi ou Midso, la ville proprement dite du mouvement et du commerce, avec des artères rectilignes reliées par des voies traversières plus étroites, le tout formant soixante-dix-huit îlots réguliers séparés les uns des autres par des grilles en bois. Là on ne trouve ni palais ni temples. C'est le seul quartier de Tokio qui ressemble un peu à nos cités d'Europe. Toutes les rues, par contraste avec celles de la « ville chinoise » de Pékin, sont extrêmement propres, bien pavées, et un peu exhaussées au milieu pour l'écoulement des eaux pluviales dans les rigoles ménagées de chaque côté. Les maisons, à un ou deux étages, sont exclusivement en bois ; les incendies, naturellement, y sont très fréquents, et c'est pourquoi, dans chaque chaussée, s'élève une haute tour à échelons au sommet de laquelle se tient un veilleur. Cependant, depuis l'établissement du chemin de fer, on a percé dans Midso un large boulevard à l'européenne, bordé de maisons de briques, sur lesquelles le feu a une prise moins facile. Les boutiques regorgent de tous les produits japonais, soie, porcelaine, jouets, armes, éventails, laques, huiles, riz, auxquels s'ajoutent ces ouvrages de bronze dont on a pu voir des spécimens à l'Exposition universelle de 1878. Les auberges et surtout les « maisons à thé » où retentit sans cesse la musique criarde du tambourin et de la guitare à trois cordes, abondent aussi dans ce quartier marchand ; la rue Yosiwara notamment en est toute remplie.

Une particularité de la capitale du Japon, ce sont les *jinrikisas*, mis en usage pour la première fois en 1870, chariots légers et couverts, à deux roues, traînés par un homme, et qui remplacent de plus en plus les litières; on en compte actuellement plus de vingt mille. Sur le golfe enfin, non loin de l'embouchure du Sumidagawa, se trouve le quartier de Tsukiji, où résident les Européens et les Américains.

Mais la grande curiosité de Tokio, ce sont ses innombrables temples, nichés de toutes parts pittoresquement dans la verdure des bois sacrés.

YEDO OU TOKIO.

Il y en a plus de quinze cents dans la ville même, dont ils occupent un quart au moins de la superficie. Plus de trente mille divinités s'en partagent les honneurs. Les uns sont des sanctuaires bouddhiques, les autres des sanctuaires shintoïstes, car il y a deux religions au Japon : l'une, toute simple, sans dogmes ni rituel ; c'est le culte primitif et national de Shinto, lequel n'est autre que l'apothéose domestique des ancêtres illustres, devenus des esprits, à la manière des demi-dieux du paganisme ; l'autre, importée au sixième siècle de l'étranger, de l'Inde, avec sa doctrine de la transmigration des âmes ; c'est le bouddhisme, aujourd'hui le plus répandu des deux cultes, surtout parmi le peuple. Celui-là a de nombreuses idoles, avec des cérémonies pompeuses, et autant de fêtes qu'il existe de jours dans l'année. Ses temples étagés, peints en rouge ou en vert, possèdent tous la figure colossale du réformateur Bouddha assis sur une feuille de lotus. On compte en outre, dans les hautes classes, quelques sectateurs de Confucius; quant au christianisme, il est interdit. Ajoutons que la crémation est en usage depuis le septième siècle; il y a cinq endroits, à Tokio, où on la pratique. Les fameux jardins d'Asaska renferment le sanctuaire principal où affluent les pèlerins du bouddhisme. C'est à la fois un lieu de dévotion et une sorte de champ de foire, comble, les jours de solennité religieuse, de restaurants, de maisons à thé et de théâtres populaires de toute sorte.

Fondée en 1458, Tokio est proprement une création des siogouns de la dernière dynastie; ce sont eux qui, au milieu du dix-septième siècle, s'y sont transportés de Surunga, où était leur siège antérieur, et ils n'ont rien épargné pour l'élever au-dessus de Miako, l'ex-résidence du souverain spirituel et tout nominal du Japon. Il y a une quarantaine d'années, Yédo, comme on l'appelait alors, était beaucoup plus peuplée qu'aujourd'hui; les guerres ultérieures et le terrible tremblement de terre de 1854, qui fit quarante mille victimes, ont diminué le nombre de ses habitants; mais la ville s'est relevée dans ces derniers temps, et sa population est encore actuellement de plus d'un million d'âmes.

CHAPITRE X

De Sydney à Rio de Janeiro par Melbourne et Buenos-Ayres.

I

A une cinquantaine de degrés au sud du Japon, en comptant les parallèles de chaque côté de l'Équateur, autrement dit à 13 000 kilomètres en ligne droite sous nos pieds à nous, et à 40 jours environ de navigation à vapeur des côtes d'Angleterre et de France, par la voie de Pointe de Galles et de Suez, baigne dans les eaux de l'océan Pacifique une île presque aussi grande que l'Europe, bien que sa population ne dépasse point trois millions d'âmes : c'est l'Australie.

Sur ce continent, dont l'intérieur reste encore inconnu en partie, s'élèvent deux puissantes villes nées d'hier et qui, déjà cependant, comptent près de trois cent mille habitants : Sydney et Melbourne. Cent vingt mille *convicts* déportés d'Angleterre sur ces mers lointaines ont formé, en quelque façon, les premières assises, les blocs de fondation sacrifiés, de cette Europe océanienne où la nature tout entière, la faune aussi bien que la flore, revêt un aspect étrange et à part. Après eux, sur ce sol fouillé et défriché par l'écume des prisons britanniques, se sont installés un million d'émigrants libres, dont le labeur a été si prospère qu'ils sont aujourd'hui, en dépit des terribles sécheresses régionales, les grands pourvoyeurs de viande et de laines de toutes les vieilles nations d'Occident.

Sydney, le chef-lieu de la Nouvelle-Galles du Sud, s'élève à la côte orientale découverte par Cook, sur la magnifique baie de Port-Jakson, qui pénètre d'est en ouest dans les terres en se divisant en deux bras, ramifiés eux-mêmes en plus de cinquante anses secondaires, dont une vingtaine au moins sont accessibles aux plus gros navires. L'une des échancrures principales est le bassin spécial des vaisseaux de guerre; l'autre est le port de commerce proprement dit. C'est sur le dernier éperon de la péninsule que fut bâtie la ville primitive, fondée en 1788 sous le nom de Sydney-Cove. De là elle s'est étendue sur la branche médiane ainsi que sur le plateau de grès qui s'étale derrière les trois dentelures de la langue de terre méridionale.

Reliée par des steamers à Pointe-de-Galles, au Cap, à Panama, à Hong-Kong, à Shang-Haï et à l'Angleterre, Sydney offre l'aspect propre aux grandes cités neuves de l'Europe. Ses principales rues (Georges-Street, Paramata-Street) ont une bordure de maisons qui sont de véritables palais. Sauf leur végétation de palmiers, de bananiers, de bambous, les squares y ressemblent à ceux de Londres. Des hauteurs de la promenade de Hyde-Park, ce que l'œil aperçoit au premier plan, c'est une agglomération toute anglaise avec une cathédrale (Saint-André), un muséum, une université; plus loin, sur l'éminence de Woolomoloo, apparaît un autre massif de constructions de tout genre; par delà, se montrent des fermes, des prairies verdoyantes semées de troupeaux, et cette profusion de plantes tropicales dont l'étrange magnificence fit donner d'abord à ces rivages le nom de Botany-Bay; puis, à l'horizon extrême, se profile un relief aux lignes ondulées, les Montagnes bleues : c'est la barrière qui sépare l'Australie sauvage de l'Australie colonisée, la civilisation de la barbarie. Toute la côte est couverte de maisons de campagne où se retirent, l'été, les riches négociants de la ville.

Depuis 1840, Sydney a cessé de recevoir des *convicts*. Le mot seul aujourd'hui est pour elle une souillure, et rien qu'à voir ses allures puritaines, on devine qu'elle est la cité aristocratique par excellence de toute l'Australie.

Melbourne, sa voisine et sa sœur du sud (Victoria), plus peuplée qu'elle d'ailleurs, en est, au contraire, la cité bruyante et remuante, une sorte de petit Londres. Sise à 4 kilomètres de l'embouchure d'un fleuve navigable aux petits navires, elle a aussi, du côté de la mer, un large golfe (baie d'Hobson) qui échancre le littoral sur 60 kilomètres en tous

SYDNEY.

sens, et qui forme l'arrière-plan du Port-Philipp. En 1851, époque de la découverte des *placers*, Melbourne n'était encore qu'une grosse bourgade. La « fièvre de l'or » tripla tout à coup le nombre de ses habitants, et ce fut alors que, détachée de la Nouvelles-Galles du Sud, elle commença de prendre l'essor prodigieux qui a fait d'elle, malgré l'infériorité de son site comparé à celui de Sydney, la première cité du continent australien. De quinze mille âmes, elle sauta en trois ans à soixante-douze mille, chiffre qui s'est quadruplé depuis lors.

Quelle fortune nouvelle l'avenir réserve-t-il à ces deux capitales du pays des *convicts*, aussi bien qu'à ce pays lui-même? Non contentes d'avoir un parlement séparé, ces villes de l'Australie commencent à parler de fédération comme le font aussi là-bas, sous ce même tropique du Capricorne, les colonies de l'Afrique australe; et aux oreilles des Anglais, ce mot de fédération sonne, on le sait, comme celui d'émancipation.

II

Gagnons maintenant le Nouveau-Monde à travers l'océan Pacifique austral, en infléchissant jusque vers le 60e degré de latitude, par delà les assises granitiques du cap Horn, dernier renflement de l'immense Cordillère, dont le puissant relief volcanique sillonne de part en part l'Amérique. Le voilà devant nous, ce promontoire redouté, sous lequel se hasardaient seuls autrefois, alors que la marine à vapeur était encore dans l'enfance, les lourds voiliers haut mâtés venant d'Europe par les Canaries. Jusqu'au tropique du Capricorne, le souffle régulier des Alizés rendait la navigation relativement facile; mais, sitôt qu'aux constellations du ciel boréal avait succédé le cortège d'astres au milieu desquels règne la Croix du Sud, les terribles rafales commençaient, et, aux approches de la Terre-de-Feu, les soulèvements toujours plus furieux de l'Océan, les averses torrentielles, les chocs ininterrompus des nuages noirs d'où jaillissaient l'éclair et la foudre, les sautes affolées du vent, les ténèbres, le froid glacial, tout rappelait au marin qu'il entrait ici dans un monde nouveau, plein d'épouvantements mystérieux, une sorte d'Erèbe au delà duquel il n'existait plus que la terre déserte de Graham et les énormes banquises du pôle Antarctique.

Aussi, combien humble et insaisissable s'efforçait et s'efforce encore de se faire le voilier qui veut franchir ce seuil redouté. Plus un seul morceau de toile dehors. Voiles carguées, écoutilles closes, barre amenée, ainsi s'offre-t-il aux autans déchaînés, tout recroquevillé sur lui-même, comme le font d'instinct certaines bêtes sous la menace du péril. Le fier bâtiment qui, jusque-là, a vogué les ailes déployées, n'est plus ici qu'une informe épave à la membrure toute raidie, aux agrès tout couverts de givre, que le vent pousse et roule en sifflant. Pour franchir le terrible pas, soit une distance de 30 lieues environ, il y a des navires qui ont mis quarante jours.

Sous le sinistre cap, en effet, les deux grands Océans adverses, l'Atlantique et le Pacifique, semblent lutter à qui refoulera l'autre. Chacun s'efforce d'empêcher son rival de déborder sur son propre domaine. Et c'est toujours le Pacifique qui l'emporte; c'est lui qui, de ses vagues monstrueuses, oblige la mer d'Europe à reculer. Aussi le passage de l'ouest à l'est est-il un travail de moins longue haleine que celui qui se tente en sens opposé; les vents et le courant sont pour le navire. Plus haut, il est vrai, le long des côtes de Patagonie, qu'on vienne d'une direction ou d'une autre, on est sûr de retrouver les terribles *pamperos* qui descendent du versant oriental des Andes et sévissent jusqu'au Rio de la Plata; mais, comme il nous suffit, à nous, qui sommes tout à l'heure partis de Melbourne, d'attérir en deçà du 30° degré, nous ne tenterons pas davantage l'ire du dieu qui promena, dix ans, Ulysse sur les mers; Buenos-Ayres, la grande ville de l'estuaire, nous ouvre son havre hospitalier; jetons-y l'ancre pour un moment.

III

La République Argentine, composée d'une confédération de 14 États, occupe à elle seule, à l'est de la chaîne des Andes, qui la sépare de la mince bande du Chili, toute la pointe extrême du Nouveau Continent, depuis la Bolivie au nord, jusqu'au cap Horn au midi. Ce territoire, de 3 000 kilomètres de long sur 1 600 de large, avec un développement de côtes de plus de 500 lieues sur l'Atlantique, comprend, du 22° au 41° degrés de latitude australe, trois régions bien distinctes.

L'une, le « pays d'entre Rios et Corrientes », représente une sorte de Mésopotamie qui s'étend, comme on le peut voir sur la carte, des frontières du Paraguay au vaste estuaire de 300 kilomètres de longueur (le rio de la Plata) où se déversent toutes les eaux du bassin. A cet estuaire, dont la profonde échancrure est comme la grande porte d'entrée de l'Amérique du Sud, aboutissent, l'un par une embouchure unique, l'autre par une multitude de bouches formant un delta de 12 à 30 lieues et plus de largeur, enchevêtré d'îles et de canaux, deux superbes fleuves, l'Uruguay et le Parana, issus, par delà d'impénétrables forêts, des montagnes de l'intérieur du Brésil.

La seconde région est l'ourlet des Cordillères qui confine, à l'ouest, au Chili : c'est le pays de futaies splendides et de vallées pittoresques dont Mendoza est la capitale. La troisième, enfin, comprise entre les deux autres, est l'immense plaine argileuse toute composée d'alluvions menues, sans un caillou ni une pierre, qui s'étend sur 50 000 lieues carrées — trois fois la surface de la France — depuis les chauds districts de la zone tropicale jusqu'aux steppes glacés de la Terre de Feu. Là, au sein des *Pampas* ou Prairies, est le royaume solitaire des Gauchos, descendants des *conquistadores* primitifs, qui ont pris pour femmes des Indiennes, peuple étrange de fermiers, d'éleveurs, de pasteurs, dont nous n'avons pas à nous occuper ici.

C'est à la lisière même de ce territoire de prairies qu'est le foyer de vie politique et commercial du pays, la grande cité de Buenos-Ayres. Fondée en 1535 par don Pedro de Mendoza, cette ville, qui doit son nom à sa salubre situation et au « bon air » que l'on y respire, s'élève sur la rive sud de l'estuaire, large, en cet endroit, de 8 à 9 lieues, à 200 kilomètres à l'ouest de Montevideo, la métropole de la côte opposite, et à 275 kilomètres de la mer. Siège du congrès et capitale de la Confédération, elle n'est plus aujourd'hui le chef-lieu de la province qui porte son nom. Ce titre appartient à une autre localité créée tout exprès il y a six ans (1882) pour remplir ce rôle administratif : c'est la Plata, sise à 32 kilomètres plus en amont, sur une terrasse dominant une baie du Rio. Ajoutons tout de suite que la jeune cité, bien vite peuplée de bans d'immigrants accourus de tous les points du globe, est déjà en passe de devenir une grande ville. Il n'y a que les deux Amériques pour offrir de pareils phénomènes de croissance. La Plata est, à cette heure, un centre officiel au complet; elle a sa chambre des députés, son sénat, son palais du gouverneur, ses banques, son musée, ses phares, ses jetées, ses îlots de maisons monumentales; le tout, bâti en un clin d'œil et sur tous les modes architecturaux, par un peuple expéditif de briquetiers. Née d'hier, elle ne compte pas moins de 30 000 habitants, dont un tiers d'Italiens, car, soit dit en passant, le pays « où le si résonne » inonde littéralement de ses colons toute la République Argentine aussi bien que les provinces sud du Brésil.

Assise sur une berge assez escarpée, à 5 ou 6 mètres au-dessus de la mer, Buenos-Ayres, cité cosmopolite, elle aussi, offre, dans sa structure, un plan absolument régulier. Toutes les rues se coupent à angle droit sur un terrain plat, en formant un damier de carrés (*cuadras*) de 140 mètres de côté chacun. On compte déjà une centaine de ces cases, qui ne sont pas toutes bâties, il est vrai. Les maisons, originairement, ne se composaient que d'un rez-de-chaussée; aujourd'hui, dans l'intérieur, on commence à construire à deux et à trois étages. Une grosse affaire a été de consolider le sol des chaussées. La *pampa*, je l'ai dit, est dénuée de cailloux; les matériaux de pavage ont dû être importés du Brésil ou de la côte de l'Uruguay; aussi, très peu de grandes routes encore sont-elles empierrées, dans la République.

La cité possède une douzaine de places dont les plus remarquables sont : celle de la Victoire, où s'élèvent l'hôtel de ville (*cabildo*) et la cathédrale, beau vaisseau orné d'un portique à colonnes de marbre blanc, commencé au dix-septième siècle par les jésuites; la plazza de Toros ou cirque aux taureaux, celle del Fuerto, celle du Vingt-cinq-Mai, ainsi nommée de la révolution qui y éclata en mai 1810, et que rappelle un obélisque surmonté d'une statue de la Liberté. Outre le dôme précité, le palais du gouvernement et une quinzaine d'églises, parmi lesquelles figure le premier temple protestant érigé dans l'Amérique du Sud, les principaux édifices de Buenos-Ayres sont la banque, l'université, la monnaie, l'observatoire, l'institut historique et géographique et plusieurs théâtres. L'un, le théâtre Colon, est construit sur le type de la Scala, et la troupe de Milan y vient jouer, par surcroît, lorsque la saison d'hiver est terminée en Italie. Un autre, le Politeama, est celui où Sarah Bernardt a donné récemment ses représentations.

Les promenades, tant au dedans de la ville qu'au dehors, sont vraiment superbes. Citons celle du Onze-Septembre, où mène la rue si commerçante de Ridaveira, artère assez étroite, comme le sont toutes les rues de Buenos-Ayres; l'avenue Sarmiento, non loin de laquelle est le champ de courses; le parc du Trois-Février, rendez-vous des oisifs et des beaux équipages, et que, volontiers, on appelle « le bois ». Chacune de ces arènes ombreuses et fleuries a dû être créée de toutes pièces, car Buenos-Ayres, je le répète, est sur la lisière même des « prairies », dans un site où, il y a trois siècles, il n'existait ni un arbre ni un arbuste de quelque valeur. Aujourd'hui, pêchers, cognassiers, amandiers, peupliers, oliviers, font de sa banlieue un riant jardin où, en août, mois qui, dans l'hémisphère sud, correspond à notre mois de février, éclosent par myriades les violettes. Toutes les essences forestières et fruitières des climats les plus différents y prospèrent; l'épicéa et le pin sylvestre des contrées septentrionales y croissent côte à côte avec le palmier, l'araucaria, l'eucalyptus, l'acacia mimosa et l'énorme ficus au vaste feuillage, au milieu d'un fourré épineux d'opuntias, de cactus, d'aloès, d'agaves. C'est de cette flore merveilleuse que s'enveloppent les nombreuses villas de style italien ou mauresque, enjolivées de péristyles à colonnes, qui forment, du côté de la terre, la zone suburbaine extrême. Derrière celle-ci s'étale, à perte de vue, la nappe uniforme et frissonnante de l'océan herbu des *pampas*, où errent ces immenses troupeaux qui sont la réserve de viande du vieux monde.

Sur la rive du Rio s'étendent, plantés d'arbres également, l'Alameda et son prolongement le Bayo, qui étaient jadis, avant que la vogue n'eût passé au Môle, le promenoir préféré de la population. Et le Rio lui-même, avec le ciel bleu se recourbant au-dessus de lui, combien il est magnifique à voir! Sur cette voie d'eau sans pareille, dont l'autre berge, perdue à 9 lieues, ne s'aperçoit pas, quel mouvement de pirogues, d'embarcations, et surtout de steamers de toutes formes, les uns arrivés des parages mystérieux du haut Parana et de l'Uruguay où nage, à la suite des îles flottantes, le caïman à la redoutable denture, les autres, qui viennent de franchir l'Atlantique, vomissant à flots les bandes d'émigrés que l'Europe envoie aux rives argentines!

Dépôt général de toutes les denrées de la Plata, Buenos-Ayres compte aujourd'hui plus de 350 000 habitants, chiffre à coup sûr disproportionné avec celui de la population totale du pays, lequel n'excède pas

3 millions d'âmes. Ce pays, il est vrai, n'est qu'au début de sa prospérité ; des districts entiers, par exemple ceux des anciennes Missions, y sont encore laissés de côté par le courant de la civilisation. Cependant, plus de 2,500 kilomètres de chemins de fer en sillonnent déjà la surface. La *pampa* est entamée par trois lignes ; l'une pousse son réseau de plus de 50 lieues jusqu'au seuil de la Patagonie, au port de Bahia-Blanca ; une autre, celle du Pacifique, s'avance jusqu'à 300 lieues de Buenos-Ayres, du côté de la frontière du Chili, et il ne lui reste plus qu'à franchir les crêtes de la Cordillère pour se souder au railway de Santiago et relier ainsi les deux Océans.

Quel progrès depuis l'époque (1515) où le navigateur espagnol Diaz de Solis, arrivant à l'embouchure de l'un des deux fleuves de l'estuaire, et, l'œil ébloui par les étincellements du schiste micacé de ses berges, donnait à cette rivière, que les Indiens appelaient « pareille à la mer » (Parana), — cette désignation ne s'applique plus aujourd'hui qu'à la partie supérieure de son cours — le nom quasi fatidique de rio de la Plata, « fleuve d'argent » !

IV

L'autre grande ville de l'Amérique du Sud, c'est Rio-de-Janeiro, sise à 2 000 kilomètres au nord-est de Buenos-Ayres et à 2 900 lieues environ du Havre, d'où l'on y vient en vingt jours de navigation.

Cette cité qui, depuis 1822, époque de la proclamation de l'indépendance, est devenue la capitale d'un empire à part, celui du Brésil, se trouve au 23ᵉ parallèle sud, c'est-à-dire juste sous la ligne de ce tropique du Capricorne qui, après avoir traversé en Afrique le territoire du Damaraland, le nord du désert de Calahari, puis la partie sud de Madagascar, file au-dessous de la Réunion, coupe le continent australien vers le cours de la rivière Mackensie (littoral est), passe au sud de la Nouvelle-Calédonie et des îles Tonga, pour atteindre la côte bolivienne au-dessous de Cobija et gagner de là, en se continuant au nord d'Assomption, chef-lieu du Paraguay, la côte brésilienne où nous nous trouvons.

L'origine de ce nom, Rio-de-Janeiro (*rivière de janvier*), vient, dit-on

RIO DE JANEIRO.

de ce que les premiers Portugais que le hasard conduisit, en janvier 1556, dans la magnifique baie de la mer de Lait (*mar de Leite*) sur laquelle la ville est située, crurent être à l'embouchure d'un grand fleuve. Cette baie, en forme de cornemuse, que les Indiens appelaient jadis Guanabaru, s'enfonce à 30 kilomètres du sud au nord, et mesure un circuit total de 35 lieues. Large de 1 500 mètres seulement à son goulet d'accès (*la barra*) commandé par un fort, elle s'évide ensuite en un majestueux bassin, à l'intérieur duquel essaiment près de cent îles verdoyantes, dont la plus grande, Governador, a 40 kilomètres de tour, et la plus belle, Paqueta, 5 kilomètres de longueur. Au fond, sur le premier plan, s'alignent des plages basses qui se continuent elles-mêmes par des marécages couverts de palétuviers. A droite de cet amphithéâtre se dressent les collines boisées et la ville de Nictlerohy (*eau cachée*); à gauche s'élèvent diverses masses granitiques : le Pain-de-Sucre (*Pan d'Azucar*), qui sert de phare au port, et qu'un sculpteur, français, je crois, s'inspirant d'une idée de Michel-Ange à propos d'un des monts marmoréens de Carrare, voulait tailler en forme de gigantesque figure; le Corcovado (ou Bossu), la Ville de Rio, la Tijuca; tout au fond apparaît la chaîne dentelée des Orgues (2 000 mètres d'altitude), dont ces hauteurs sont autant de ramifications avancées. Et, partout, des perspectives d'anses solitaires et de vallons fuyants.

Pour le voyageur qui arrive du large, l'aspect est d'autant plus féerique que les diverses parties du tableau ne se dégagent que successivement, comme si quelque magicien caché ordonnait et ménageait à dessein les gradations de la mise en scène. D'abord, on aperçoit un ensemble de baies, des pointes de terre, des pentes de collines, des arbres, des rochers, puis, au milieu de l'immense lac salé, une masse confuse de verdure et de constructions qui bientôt se découpe en un archipel; puis le Pain-de-Sucre apparaît nettement, et l'on pénètre dans l'échancrure. A main droite, sur une hauteur. se montre Notre-Dame de Bon-Secours; en face, voici les forts de Villegagnon et de Saint-Théodose; puis l'île aux Chèvres ou aux Serpents, et enfin, à la rive gauche du beau golfe, sur une langue de terrain en forme de quadrilatère irrégulier d'où se détachent deux pédoncules divergents, la ville elle-même, commandée par ses trois éminences fortifiées dont les batteries convergent vers la rade.

Rio de Janeiro se divise en deux villes : la vieille, assise tout entière sur le marécage au bord de la mer, forme une presqu'île renflée de mornes, le *morro* du Castello, où est le sémaphore, et celui de San Bento, qui porte le couvent du même nom. Son échiquier a pour base la rue de la Miséricorde, la place don Pedro, et la rue Direita, ou Primiero de Março. C'est un quartier aux artères généralement étroites, mal pavées, assez sombres, qui est cependant le centre de l'animation et du négoce; là sont les quais de débarquement, la place du Palais avec sa fontaine pyramidale et l'entrée du marché principal ; là roule la cohue des nègres, et résonnent tous les idiomes de la terre. La poste et la douane s'y élèvent. La rue si vivante d'Ouvidor, que coupe au passage une autre chaussée d'élite, celle d'Ourivès, où sont concentrés les magasins d'orfèvrerie et de joaillerie, en représente le point fashionable.

La ville neuve, Ciudad nova, s'étend entre le *campo* de l'Acclamation et divers autres mornes, notamment celui de la Gloria, surmonté d'une église où, chaque année, au mois d'août, le peuple se rend en pèlerinage. Son essor ne date guère que du gouvernement portugais, c'est-à-dire de l'époque (1808) où la maison de Bragance quitta, avec Jean VI, le Portugal envahi par les armées françaises, pour aller chercher un refuge aux rivages transatlantiques de la terre de Santa Cruz, comme on appelait originairement le Brésil. Là les rues sont régulièrement bâties, les hôtels confortables, les cafés brillants. La ville entière, du reste, s'est bien transformée dans ces derniers temps. Les églises, sans effet architectural au dehors, sont, à l'intérieur, somptueusement décorées : la cathédrale Saint-Sébastien, Saint-François de Paule, Notre-Dame de Candellaria, méritent ici une mention. Les théâtres aussi sont nombreux ; en nul lieu du monde on n'a plus le goût des plaisirs qu'à Rio : citons celui de San Pedro, sur la place de la Constitution, et l'Alcazar. Au dessus de la ville court le magnifique aqueduc de Carioca à double rangée d'arcades superposées, car, en dépit de son nom, qui, on l'a vu, provient d'une méprise, Rio n'a point d'eau potable, et ses habitants ont dû, à grands frais, en aller chercher au sein de leurs montagnes.

La promenade à la mode aujourd'hui est la terrasse du Passeio Publico, d'où, le soir surtout, le coup d'œil d'ensemble est vraiment saisissant. Le jardin botanique est célèbre à bon droit par sa merveilleuse allée de palmiers de 30 mètres de haut, qui ressemblent à des piliers de cathédrale. Chaque morne excentrique est couvert du reste de jolis villas, où les riches citoyens comme les étrangers vont respirer sous les frais ombrages, à l'abri des torrides chaleurs d'en bas que tempèrent mal les éternelles pluies et les orages de la saison estivale. Ces maisons de campagne, édifiées dans le style le plus fantaisiste, se prolongent vers l'intérieur entre les deux baies jusqu'aux gorges qui s'ouvrent dans la sierra, et où se logent également une multitude d'usines et de fabriques. Et quels magnifiques buts d'excursion offrent les alentours de la ville ! C'est, par exemple, le Corcovado, un pic de la Tijuca à la cime duquel (697 mètres) monte une rampe de 12 kilomètres de long, contournant plusieurs crêtes au milieu des forêts; un chemin de fer y conduit même aujourd'hui. C'est la Tijuca elle-même (1 100 mètres) que gravit une route passant par le délicieux plateau de Boa Vista. A son sommet se trouve un asile de convalescents.

Rio-de-Janeiro centralise dans ses magasins toutes les denrées des provinces sud et ouest du Brésil; 4 000 navires entrent annuellement dans son port, dont aucun récif n'embarrasse l'accès, et des lignes régulières de paquebots la relient à l'Europe, à l'Asie et à l'Amérique du Nord. Aussi cette cité qui, en 1822, n'avait que 100 000 habitants, en compte-t-elle aujourd'hui près de 500 000, dont deux tiers de nègres, de mulâtres et autres gens de couleur. C'est de beaucoup la plus grande ville du Brésil : Bahia et Pernambuco, les centres les plus peuplés de l'empire après elle, n'ont, l'une que 128 000 âmes, et l'autre que 116 000.

CHAPITRE XI

De San-Francisco à Paris par Chicago et New-York.

I

Si, reprenant la route du cap Horn, nous remontons le long de la côte ouest de l'Amérique vers les régions situées au-dessus de l'équateur, nous ne rangeons d'abord, en deçà du Tropique, qu'une seule capitale, Santiago, dont Valparaiso est le havre. L'une et l'autre se trouvent à peu près à la même latitude que Sydney. Dix-huit degrés plus haut environ, nous passons devant Callao, le port de Lima. Sise à 12 kilomètres de la mer, sur une plaine en pente douce qu'embrassent des rameaux de la chaîne des Andes, la capitale du Pérou, fondée en 1535 par François Pizarre, ne manque certes pas de pittoresque; bien que dévastée à plusieurs reprises par les tremblements de terre régionaux, elle a toujours sa couronne d'églises, de chapelles et de cloîtres, dominant ses maisons basses à toits plats et ses palais à arcades. Saluons-la de loin au passage, et continuons de fendre les flots dans la direction du septentrion.

L'équateur est de nouveau franchi; Vénus et la Grande Ourse vont reparaître à notre horizon, et la voie lactée au-dessus de notre tête. Voici là-bas le golfe de Panama dont la profonde échancrure amincit d'autant l'isthme fameux où M. de Lesseps est en train de percer le canal interocéanien — voie de paix ou de guerre? — qui rapprochera l'Europe du Pacifique et de l'Inde, et achèvera de faire oublier la terrible route du cap Horn. C'était aussi l'Inde que cherchait de ce côté le Génois Cristophe Colomb quand, à la fin du quinzième siècle, il poussait obstinément sa nef vers les régions qu'empourpre le soleil couchant. Au lieu de l'Inde, il trouva l'Amérique ; au lieu de la légendaire Cathay, il rencontra tout un monde nouveau, encore plus mystérieux que celui pour lequel il s'était embarqué à Palos. Il eût voulu cependant le franchir et continuer de naviguer par delà. Il pensait que quelque détroit se cachait dans ce massif de terres inconnues ; plusieurs années durant, il chercha la fissure, sondant les rivages déchiquetés de la mer des Antilles, et spécialement l'anfractuosité du golfe de Darien, sans se douter que, tout près de cet endroit, la barrière continentale n'avait qu'une vingtaine de lieues d'épaisseur, et que, derrière ce seuil, grondaient les vagues arrivées de la côte asiatique.

Quant à nous, à force de voguer, nous voici parvenus à l'autre tropique, celui du Cancer ; déjà le golfe de Californie est là-bas derrière nous ; quelques coups d'hélice encore, et nous débarquons à San-Francisco.

II

A l'endroit où s'élève aujourd'hui San-Francisco, il n'existait, il y a soixante ans, qu'un petit village, Yerba-Buena. Un Bernois de Kandern, du nom de Sutter, émigré en Amérique, avait le premier, en l'été de 1839, jeté l'ancre dans une crique du Sacramento, qu'il avait appelée « la Nouvelle-Helvétie », en souvenir de sa patrie d'Europe. Trois ans après, la guerre ayant éclaté entre les États-Unis et le Mexique, le pavillon aux trente-huit étoiles fut hissé sur le blockhaus primitif construit pour tenir les Indiens en respect, et bientôt (1848) la Californie tout entière devenait la propriété des Yankees.

L'établissement créé par Sutter ne comptait encore que deux milliers d'âmes, lorsque soudain le coup de pioche d'un ouvrier, en mettant au jour une pépite, vint décider de sa fortune. Toute une armée de nouveaux Argonautes à la conquête de la toison d'or s'élança vers cette région fortunée de la sierra Nevada, auprès de laquelle pâlissaient la Golconde antique et les mines du Pérou. De tous les ports du monde, sur toutes les mers, des navires combles de passagers appareillèrent vers ce point de l'Océan, inconnu quelques mois auparavant, et dont le nom seul maintenant enfiévrait tous les cœurs. Ce fut une véritable invasion. Où loger ces légions de nouveaux venus? Il n'y eut d'abord, sur cette baie où des flottes entières peuvent mouiller à l'aise, qu'un gigantesque amas de cahutes de planches, de cases faites avec les carapaces des vaisseaux démembrés, établies au hasard sur la plage, sans alignement, sans rues, sans clôtures. Puis, peu à peu, on construisit des magasins et des maisons; on créa des comptoirs, on improvisa des restaurants et des hôtels, on traça des voies symétriques où, en attendant le pavage, les voitures roulaient sur un plancher de madriers.

Au bout de dix-huit-mois, le campement de bohémiens s'était transformé en une ville tumultueuse, comptant plus de 100 000 habitants. Rien de pareil ne s'était encore vu sous le soleil. Notez que, ses *placers* à part, le pays, si riche aujourd'hui, ne produisait rien. Il fallait faire venir la farine du Chili, à 1 000 lieues de distance, les salaisons de New-York et de Cincinnati, à sept mois de traversée du Sacramento, le savon, l'huile, la bougie, des ports de la Méditerranée. De là une hausse effroyable de toutes choses : une maison de bois à deux étages, sur la place principale de San-Francisco, rapportait plus de 600 000 fr. par an; un simple hangar, pour abriter une maison de jeu, se louait 75 000 francs par mois; une bouteille de genièvre se payait jusqu'à 100 francs; la journée d'un manœuvre valait 150 francs; un simple décrottage de bottes 5 francs, et le reste à l'avenant.

Ce premier âge de la société californienne représente l'état de guerre de tous contre tous. D'organisation municipale, il n'y en a pas; le *rifle* et le poignard sont l'arbitre suprême des différends. Aux meurtres s'ajoutent des incendies presque quotidiens. Quatre fois en neuf mois le feu dévore à moitié cette cité de baraques et de tentes en toile peinte. A la fin, les habitants de *Frisco* — comme on dit encore par abréviation, — pour mettre un terme aux audaces des aventuriers et bandits de toute sorte, créent le fameux Comité de Vigilance. C'est le triomphe de la justice expéditive, le beau temps de la loi de Lynch et de la pendaison, haut et court.

En 1855 s'ouvre une ère nouvelle pour la ville de l'Eldorado. La sécurité est plus assurée, l'existence mieux assise. L'établissement du chemin de fer de Panama a mis San Francisco et la « Porte-d'Or » à

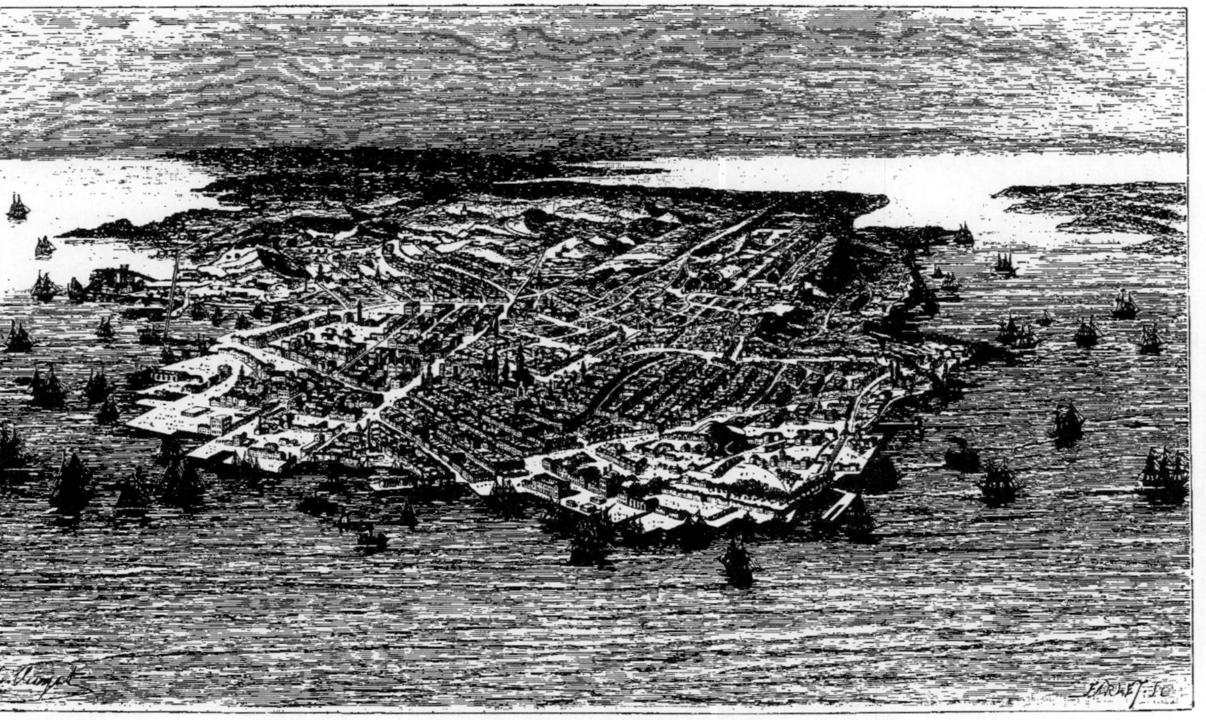

SAN-FRANCISCO.

vingt-deux jours seulement de New-York. Le Comité de Vigilance se dissout et cède la place à des tribunaux réguliers. L'or, d'ailleurs, n'est plus le seul objectif. Une population jeune et ardente exploite les immenses forêts des sierras, défriche et ensemence le sol, qui se met à donner d'abondantes moissons. La viticulture naît, elle aussi ; le cep californien commence à produire les crus secs et mousseux que l'on connaît : bref, les richesses agricoles vont bientôt égaler les richesses minières. La ville a pris en même temps un développement inouï ; partout s'élèvent de somptueuses résidences, de vastes magasins, des églises, des quais magnifiques. La grande Banque de Californie est fondée ; un service quotidien de courriers à cheval, les *ponys express*, comme on les appelait, est établi avec la tête de ligne la plus proche des *railways* de l'Union, à travers 3 000 kilomètres de déserts, de montagnes et de prairies.

Sautons encore par dessus quelques années : nous voici à une date fameuse, celle du 28 avril 1869, qui vit l'achèvement du grand chemin de fer transcontinental reliant le Pacifique à l'Atlantique sur une distance équivalente à celle de Saint-Pétersbourg à Lisbonne. Désormais, San Francisco, peuplé de près de quatre cent mille âmes, représente une des grandes étapes commerciales du monde ; c'est la ville des millionnaires par excellence. Nulle part, le luxe n'est plus écrasant ; nulle part pourtant, en Amérique, on ne vit mieux et à meilleur compte. Encore, la cité du Sacramento n'est-elle, tout porte à le croire, qu'au début de sa prodigieuse fortune. Tout le riche monde océanien lui appartient, de par sa situation. Au delà de l'immense nappe liquide, l'Australie, le Japon, la Chine, s'offrent à elle comme un champ multiple d'activité et de négoce ; l'humble bourgade de Sutter le Suisse n'a pas encore un demi-siècle d'âge, et déjà la voilà devenue la métropole incontestée de l'Ouest, la ville reine de l'océan Pacifique.

III

En s'éloignant de San-Francisco, le chemin de fer transcontinental, dont le développement est de 5 000 kilomètres, franchit d'abord la Sierra Névada à la station de Summit (altitude 2 146 mètres) ; puis, traversant, sur une longueur de 1 000 kilomètres environ, le grand plateau désert qui s'étend de là jusqu'au Lac-Salé, il arrive aux monts de Wasatch, qu'il escalade à 2 367 mètres de hauteur par les défilés ou *cagnons* de Weber et d'Écho. A partir de ce point jusqu'au versant ouest des Montagnes-Rocheuses, dont la chaîne précédente n'est qu'un rameau divergent, s'ouvre une immense plaine aride qu'on appelle le « pays des Eaux-Amères ». C'est dans les Rocky-Mountains que se trouve, à la station de Sherman, le point culminant de la voie ferrée (2 569 mètres), laquelle redescend ensuite pendant 600 milles jusqu'à Omaha, à cent heures environ de San-Francisco. D'Omaha à Chicago, capitale de l'Illinois, il y a encore 825 kilomètres, soit un trajet de vingt-huit heures en wagon.

Chicago, tour à tour surnommée la « reine des prairies », la « reine des lacs », la « merveille de l'Ouest », et la « perle de l'Union », est la seule grande ville qui existe actuellement dans les vastes territoires sis entre l'Ohio, le Mississipi et les lacs. Elle s'élève à la rive sud de l'immense bassin du Michigan, auquel elle présente un triple front de splendides constructions. En 1829, elle ne comptait encore que 30 habitants; cinq ans après, elle en avait 1 800; en 1850, ce chiffre était monté à 30 000; en 1860, il atteignait 112 000; aujourd'hui il est de 500 000, malgré l'effroyable incendie du 8 octobre 1871, qui dévora plus d'un tiers de la ville, 17 000 maisons, 3 gares, 10 théâtres et 41 églises. Chicago est, rappelons-le, le plus grand marché de céréales de toute l'Amérique, et le premier parc à bétail du monde. Comme métropole commerciale, elle n'a au-dessus d'elle que New-York. Quatorze voies ferrées y aboutissent du nord, du sud, de l'est et de l'ouest. Ses flottilles de bateaux à vapeur desservent tous les parages du lac Michigan, et une voie d'eau ininterrompue l'unit à Saint-Louis et à la Nouvelle-Orléans.

De cette Venise américaine, sortie presque magiquement du désert, à la gigantesque commune de New-York, qui forme l'autre tête de ligne du railway que nous venons de parcourir, il n'y a plus qu'une trentaine d'heures de voyage, soit 850 kilomètres environ.

Plus que Londres encore, et d'une façon beaucoup plus directe, New-York est la fille favorite de l'Océan, qui l'enserre de ses replis.

L'histoire même de sa construction et de sa croissance est écrite en caractères visibles dans l'emmanchement de ses parties diverses.

Qu'était à l'origine la presqu'île qui lui sert d'assise, cette langue de terre de 15 milles de long sur 3 ou 4 de large, que limitent d'un côté le fleuve Hudson, et de l'autre le bras de mer de l'East-River, la « Rivière de l'Est » ? Un ensemble chaotique de rochers à pic, de dépressions pleines d'étangs, de petits lacs ou d'épaisses forêts, voilà ce qu'y trouva Hudson, lorsque, en 1609, il aborda sur ce littoral. Douze ans après, la petite colonie établie sur la pointe de ce puissant brise-lames naturel ne comptait que deux cent cinquante têtes. Elle n'en acheta pas moins aux indigènes de la région, pour le prix de 60 florins hollandais, à payer, non pas comptant, mais en fusils, en tabac, en eau-de-vie, tout le pays formé par la langue de terre. Mais comment défricher ce sol où, de toutes parts, les blocs de gneiss et les marécages interceptaient la circulation? — La difficulté était grande sans doute, car, durant plus d'un siècle, la bourgade demeura à l'état stationnaire.

En 1725, sa population n'était encore que de huit mille habitants, et, dans les quatre-vingts ans qui suivent, ce chiffre ne progresse pas au delà de trente mille. Ce n'était qu'au dix-neuvième siècle que New-York devait enfin prendre son essor; mais aussi, comme elle allait rattraper le temps perdu! Fulton alors y construit son premier bateau à vapeur, et la petite cité se met à commercer hardiment, tant avec les districts intérieurs qu'avec les îles avoisinantes, où les colons se fixaient de préférence à cause des obstacles que continuait d'offrir l'extension de la ville du côté de la terre. Mais, le siècle de la vapeur étant aussi celui des grandes inventions techniques, ces obstacles d'ordre matériel ne pouvaient manquer de céder à l'audace impatiente des hommes.

Les New-Yorkais, en effet, entreprirent de marcher, coûte que coûte, à la conquête de leur langue de terre. Les agrandissements se firent graduellement, étape par étape. A l'extrémité de chaque aire nouvelle adjointe par devis à la ville, on créait un *square* ou un parc. Quand, plus tard, les maisons débordaient cette limite prévue, le massif de verdure demeurait là comme un témoin de la précédente extension. Tel est, par exemple, aujourd'hui encore, ce parc de City Hall, interpolé au milieu de l'artère de Broadway qui est la grande voie longitudinale de New-York, et en deçà duquel se trouvent les gros comptoirs de négoce, les palais-bureaux des compagnies, les télégraphes, les banques, les établissements d'assurance, les principaux édifices publics, la poste, l'hôtel de ville, et aussi d'anciens cimetières avec leurs vieilles pierres tombales, vieilles du moins pour ce pays où l'antique n'existe pas.

Dans les rues plus étroites qui, de chaque côté, se détachent de Broadway ainsi que des arêtes de poisson, se pressent également les grands magasins et le petit commerce de détail. Le triangle inférieur de la presqu'île formait, d'ores et déjà, la ville proprement dite : restait à pousser de nouvelles voies en amont. Pour cela, il fallait combler un vaste et profond marais qui s'étendait au-dessus du parc de l'hôtel de ville : on le combla. Il est aujourd'hui transformé en un spacieux et confortable quartier dont le nom de *Canal street* rappelle seul l'origine paludéenne. Là s'arrêtait New-York, en 1805; elle comptait alors soixante-dix-huit mille habitants.

Bientôt eut lieu une autre percée en avant. Le jalon limitatif en fut cette fois le parc de l'Union-Square, établi au delà d'un écheveau de roches et de ravins qu'on se réservait de démêler et de niveler. Dès lors aussi on entra dans le système américain pur : les artères longitudinales qui se dirigeaient vers l'intérieur furent numérotées comme « avenues »; les voies traversières qui menaient aux baies latérales furent des « rues ». On en était à la quatorzième, et il semblait bien que New-York avait atteint son développement maximum. Or, la dernière rue poussée entre les rochers et les gorges porteac tuellement le n° 200.

Jusqu'au milieu de notre siècle pourtant, le mouvement d'extension subit un arrêt. Au delà de l'Union-Square, il n'y avait que des villas, des fermes, des jardins de rapport. Tout à coup, après 1840, la fièvre de bâtisse reprit, et de la quatorzième rue on sauta d'un bond à la quarante-deuxième. Là furent créés le Madison-Park, ainsi que cet immense bassin réservoir qu'enferment les murs d'un temple égyptien : c'est aujourd'hui le quartier fashionable de New-York, la résidence préférée des millionnaires et des gros négociants qui ont leurs *offices* dans le bas de la presqu'île; là s'allonge la cinquième avenue, avec ses fastueux palais et ses confortables hôtels. Même dans les rues de traverse, tout y est paisible, distingué, *respectable;* de boutiques, peu ou point; chaque maison, occupée par une seule famille, a sa façade hermétiquement close. Le trafic, les théâtres, le bruit, sont concentrés dans les rues d'à côté.

Etait-ce enfin la limite de la ville, peuplée alors de trois cent mille âmes? Non; le bassin susnommé est entouré lui-même, de nos jours, de tout

NEW-YORK.

un réseau de voies nouvelles. L'année 1856 a vu créer au-dessus de lui un parc de dimensions colossales, pour l'établissement duquel tout le district d'alentour a été artistiquement arrangé avec ses roches, ses forêts, ses étangs, de manière qu'il gardât le plus possible son charme sauvage et originel : c'est le Central-Park, qui commence à la cinquante-neuvième avenue et finit à la cent dixième. Autour de lui a pris naissance un quartier moderne où courent de toutes parts les lignes de tramways, et un second réservoir d'eau potable, beaucoup plus vaste que l'ancien, existe dans ce même parc.

Plus en avant, les carrés de rues bâties cessent enfin; mais, en dépit des âpres redans de roche de gneiss, des dépressions où dorment les flaques d'eau, des croupes agrestes revêtues de forêts, la ville tend toujours à s'accroître. Maint petit village de banlieue, qui se croyait hors d'atteinte, se voit menacé par la gueule du monstre prête à l'engloutir. Qui sait si l'on n'arrivera pas jusqu'à la haute tour qui se dresse sur un rocher solitaire à quelques milles au delà, et d'où l'on a une si belle perspective tant sur la presqu'île new-yorkaise avec ses bras de mer que sur l'État de New-Jersey? Une petite rivière profondément encaissée sépare ce dernier du pays de Manhattan, comme on appelle la susdite langue de terre en forme de doigt qui va s'abaissant vers la mer.

En attendant, les habitations de l'immense ville ont franchi depuis longtemps les deux bras de mer qui entourent la presqu'île. Sur l'une des rives, appartenant à l'État de New-Jersey, se trouve Hoboken; sur l'autre, à Long-Island, est Brooklyn, une cité de près de 500 000 âmes, la fille aînée, ou, si l'on aime mieux, la sœur de New-York. Un colossal pont suspendu, de 1 826 mètres de long (1), achevé en 1883, relie la métropole et le faubourg, à travers un bras de mer que sillonnaient déjà plus de soixante lignes de bateaux à vapeur (*ferry-boats*), partant toutes les cinq minutes. Le tablier, à deux étages, soutenu par des câbles en acier gros comme des troncs d'arbres, s'élève à 25 mètres au-dessus de la marée. Deux voies de chemin de fer y circulent; au-dessous se meuvent tramways et voitures, et, de plus, un passage latéral y a été ménagé aux piétons. Deux tours en pierre de 120 mètres d'élévation divisent ce

(1) Il le cède cependant en développement à celui de Montréal, sur le Saint-Laurent, qui mesure 2 637 mètres; immédiatement après lui, viennent le pont de Rapperschwyl, sur le lac de Zurich (1 600 mètres), et celui du Volga, près de Sysran (1 484 mètres).

pont en trois parties; la section médiane a 489 mètres de long; les deux autres 281 mètres chacune. Du sommet de ces tours, la vue, est superbe : d'un côté, New-York avec son océan de toitures, au-dessus desquelles proéminent le clocher en pierres rouges de l'église de la Trinité, et, plus loin, le palais de la Western-Union-Telegraph-Company avec son dôme surmonté d'une flèche; puis le cours arqué de l'Hudson, les mâts des navires ancrés à Jersey-City, et Jersey-City elle-même avec son amphithéâtre de collines perdues dans la brume. Au-dessous, sur la Rivière de l'Est, s'allongent les quais de la grande ville. Tournez-vous : voici Brooklyn, dont les maisons rouges à volets verts, se découpant au milieu d'avenues d'arbres, s'étendent jusqu'à ce cimetière de Green-Wood, qui est peut-être le plus beau du monde, tout un parc forestier avec des lacs, des tapis de gazon, des champs de fleurs, des troncs centenaires enracinés dans les roches moussues.

A New-York tout est tourné vers l'utile. Cette ville de 1 200 000 habitants qui, chaque année, dépense plus d'un million de dollars pour ses écoles, ne possède ni un musée, ni une collection artistique. Ses vrais monuments, ce sont les immeubles-palais de ses grands journaux, tels que celui de l'*Herald*, et celui de la *Tribune*, avec ses sept étages et son clocheton. Aussi a-t-on vite fait de la voir. Nulle part d'ailleurs, il n'existe un système de tramways plus perfectionné; puis, en dehors de ce chemin de fer dit américain, dont elle est la patrie, la cité possède un réseau aérien de railways composé de trois lignes : l'une, courant au bord de l'Hudson, l'autre, au milieu de la presqu'île, dans le sens de la septième avenue, la troisième, près de la Rivière de l'Est, dans la troisième avenue. Ce métropolitain repose sur des piliers de fer reliés par des poutrelles de même métal; il se déroule dans le plan longitudinal de la ville, chaque voie, quand l'espace le permet, longeant un trottoir à la hauteur du premier étage des maisons, ou les deux paires de rails se soudant, quand l'artère vient à se rétrécir. Les wagons, articulés, avec des roues en papier comprimé, tournent presque à angle droit pour passer d'une chaussée à l'autre.

New-York, qui était naguère encore aux confins du monde, n'est plus aujourd'hui qu'à sept jours du Havre, et, par les vapeurs anglais, qui ont 500 kilomètres de moins à parcourir, à six jours et quelques heures de Queenstown. On parle même d'un steamer, actuellement en construction sur les chantiers de Glascow, qui accomplira en cinq fois vingt-quatre heures cet immense trajet transatlantique de 6 000 kilomètres et jaugera 11 500 tonnes. Ce sera toute une révolution, car nos grands paquebots-poste à hélice, la *Champagne*, la *Bourgogne*, la *Bretagne*, la *Gascogne*, qui effectuent actuellement le service à grande vitesse entre la France et l'Amérique du Nord, n'ont qu'une contenance de 7 000 tonneaux. Ce n'en sont pas moins, en attendant mieux, de splendides bâtiments, de la force de 9 000 chevaux, offrant place à 1 200 passagers, et filant 19 nœuds à l'heure, c'est-à-dire plus de 35 kilomètres. Et, puisqu'il nous faut regagner l'Europe et Paris, notre point de départ, montons-y en sécurité. Des machines d'épuisement permettent d'y arrêter vite les voies d'eau; contre les brumes intenses des environs du banc de Terre-Neuve, nous avons à bord la *Sirène*, placée en avant du premier mât, et dont l'action est plus puissante que celle d'un sifflet à vapeur. Un brise-lames d'une efficacité merveilleuse empêche, d'autre part, la mer de pénétrer dans le bâtiment; la nuit, contre les périls d'abordage, nous avons de plus l'éclairage électrique, qui dessert également les cabines.

Bref, sur un vaisseau de cette sorte, la traversée est une partie de plaisir. Aussi, à peine avons-nous eu le temps d'y penser, que nous apercevons les falaises de la Hève. Merci à toi, vieux Neptune, qui nous fais arriver à la marée pleine; nous n'aurons pas à nous morfondre sur rade. En avant! voici la jetée de l'Ouest, l'entrée de l'avant-port, la vieille tour François Ier, et, là-bas en arrière, le vaste bassin de l'Eure, où notre voyage « de Paris à Paris », à travers capitales et grandes villes, va se trouver heureusement terminé.

TABLE DES MATIÈRES

1447-88. — CORBEIL. Imprimerie CRÉTÉ.

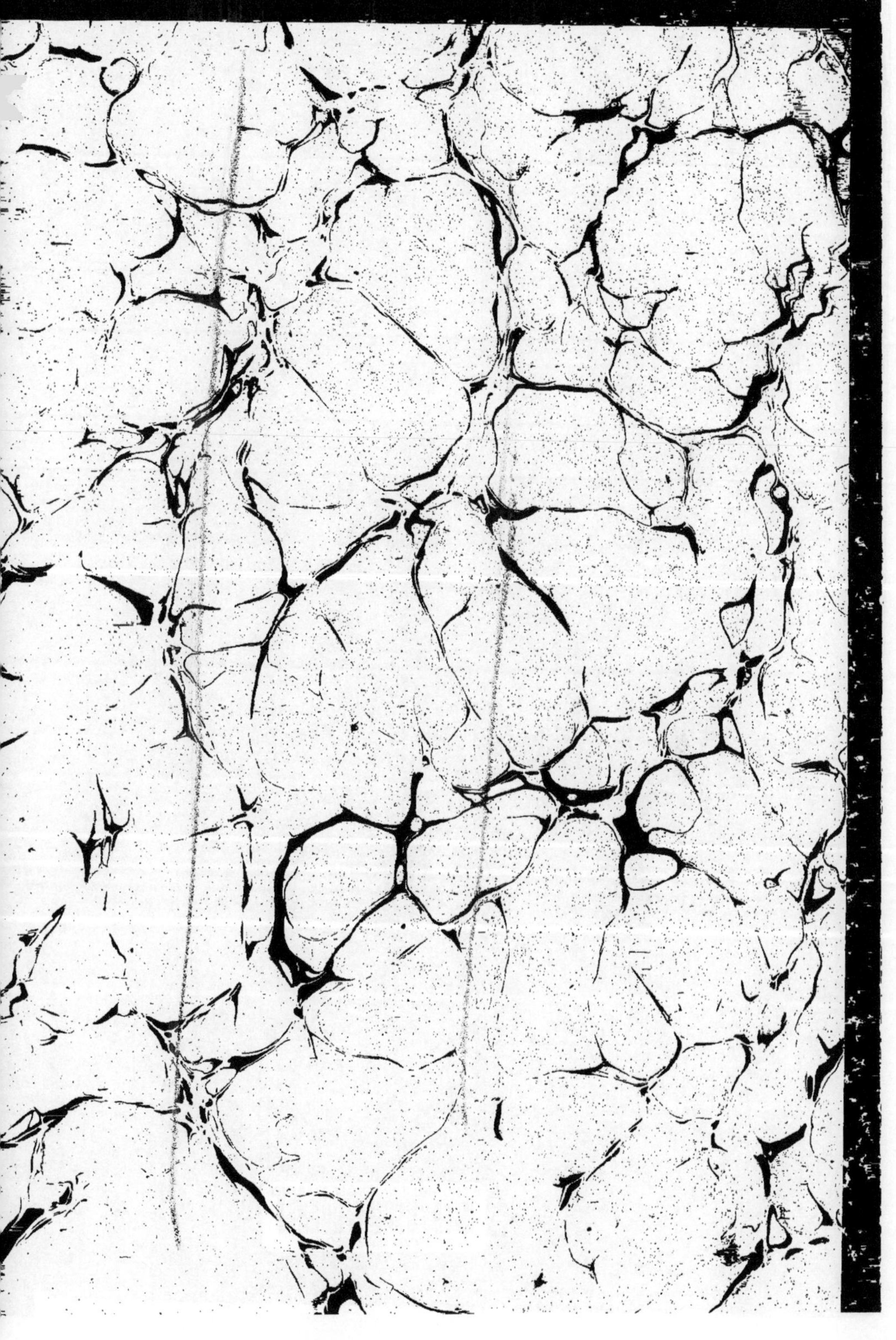

www.ingramcontent.com/pod-product-compliance
Ingram Content Group UK Ltd.
Pitfield, Milton Keynes, MK11 3LW, UK
UKHW020316230726
13925UKWH00002B/444

9 782013 670746